위풍당당
아줌마 클럽

할 말 많은
여 자 들 의
살 맛 나 는
세   상
이 야 기

이얍!
으랏차차!!

상 식 보 통

위풍당당
아줌마 클럽

| 도쿄 지음 · 이진희 옮김 |

이 녀석들아~~
엄마의 사랑 좀 사가!

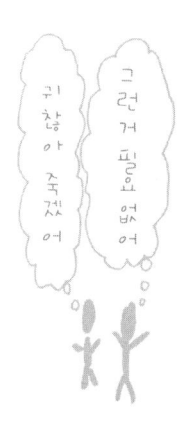

그런 거 필요 없어

귀찮아 죽겠어

사람과 책

무한한 가능성을 지닌 당신에게 •••

"내 인생은 내가 결정한다."

"내 인생의 주인공은 바로 나."

아둔하게도 나는 이 대단할 것 없는 사실을 깨닫는 데 40년 가까이 걸렸다. 하지만 때늦은 일이란 없는 법이다. 이 사실을 깨닫기 무섭게 부모형제에게도 숨기고 몰래 이혼 서류를 냈다. 이것이 내가 내 인생을 결정한 최초의 순간이다. 처음치고는 터무니없이 엄청난 일을 저질러버린 것이다. 늦게 배운 도둑이 날 새는 줄 모른다는 말이 딱 맞다.

마침내 나는 내 인생의 주인공이 되었고 거침없이 앞으로 나아가기 시작했다.

이 책은 내가 칼럼니스트로 홀로서기를 시작한 지 얼마 안 되어 아사히신문 조간에 2000년 4월부터 2002년 3월까지 「도쿄의 발언—지상紙上 전쟁」이라는 제목으로 연재해 반향을 불러일으킨 칼럼을 중심으로 엮은 것이다. 부제에도 나와 있듯이, 신문 지상에서 나는 독자와 2년 동안 치열한 공개 논쟁을 벌였다.

1회 칼럼이 나갔을 때는 불안했다. 신문이라는 매체는 자칫 딱딱한 느낌을 줄 수 있다. 더구나 아사히신문에는 「잠깐」이라는 유명한 현모양처 대상의 투고란이 있다. 바로 옆에 내 칼럼이 실리게 되는 것이다. 과연 기대만큼 주부들이 솔직한 반응을 보여줄까? 뚜껑을 열기 전까진 알 수 없는 상황이었다. 일단은 나름대로 과격하게 시작해보았다. 그러나 의외로 주부들의 반응은 뜨거웠다. 회를 거듭할수록 "신문에 처음 글을 보냅니다" "편하게 속내를 털어놓을 수 있어서 좋아요" "저도 이 코너에 참여하고 싶어요" 같은 신참 투고자가 잇달았다. 칼럼이 다루는 문제에 친근함을 느끼고 반응을 보인 것이다.

한편 "천하의 아사히신문이 이런 부녀자들의 저질 수다를 실을 수 있느냐"라는 식견 있는 분의 질타나 "2대에 걸쳐 아사히신문을 구독했는데, 이런 형편없는 칼럼을 싣다니 구독을 끊겠다"는 불만의 목소리도 만만치 않았다. 고매한 분들의 심기를 어지럽힌 모양

이다. 당시 담당 기자가 한동안 사무실 간판을 떼어놓으라고 충고
할 정도였다.

역풍을 맞을수록 우리의 논쟁은 열기를 더했다.

일간지가 가정 섹션으로서는 이례적으로, 신선한 내용을 담기
위해 독자의 투고를 기다렸다가 다음 회 칼럼을 쓰는 빠듯한 일정
으로 진행했던 것도 좋았다고 생각한다.

연재를 하면서 지면에 소개하지는 않았지만 자격증을 땄다거나
아이를 탁아시설에 맡기기로 했다거나 칼럼을 읽으면서 용기를 얻
었다는 사연을 받고 기뻤던 일도 기억난다.

독자의 사연은 이른 아침에 쓴 것이 많았다. 온종일 가족 뒷바라
지와 이런저런 집안일로 짬을 낼 수 없었기 때문이다. 바쁜 일상
속에서 혼자 무언가 생각하고 그것을 글로 정리해본 경험은 그 사
람의 미래로 이어지리라 믿는다.

우리의 논쟁을 읽다보면 고개를 끄덕일 때도 갸웃거릴 때도 있
을 것이다. 그래도 괜찮다. 그것이 바로 자신의 삶의 방식이니까.

도코

CONTENTS

PART 2
이대로는 안 된다!

PART 3

말하고 나면 편해진다!

PART 4

내 방식대로 산다!

PART 5

아니다 싶으면 접고 다시 시작하자!

PART 1

진정한 **나**로 다시 태어나자!

주부는 24시간 영업?

우연히 아줌마 셋과 한 엘리베이터에 탔다. 얼핏 보아도 전업주부임을 짐작케 하는 오버패션. 요즘은 보기도 힘든 빵빵하게 어깨심 들어간 재킷하며 귀걸이, 브로치, 목걸이, 그것도 모자라서 스카프까지. 한 마디로 요란한 아줌마 패션이었다. 많이 걸치고 두른다고 멋있어 보이는 줄 아는지…….

세상은 점점 심플해지는데 왜 이들은 거꾸로 가는 걸까? 독하게 마음먹고 유치장 같은 데다 가두어버릴 순 없을까?

이런 내 생각을 아는지 모르는지 수다에 여념이 없다. 목소리는 또 얼마나 큰지 엘리베이터 안이 쩌렁쩌렁 울린다. 이 역시 사회생활에서 소외된 아줌마의 특성이다.

"정말 오랜만에 우아한 점심을 즐긴 거 같아."

"어머, 벌써 애가 학교에서 돌아올 시간이네."

"하루하루가 전쟁이지 뭐니, 정말 힘들어."

다들 멋대로 떠들어대고 또 떠들어댄다.

슬슬 나올 때가 되었지 싶었더니 아니나 다를까 한 치도 틀리지 않고 기대에 부응하는 아줌마들.

"정말이지 주부는 24시간 영업이라니까."

"그러게 말이야. 정신이 하나도 없어."

정말이지 이 순간 손에 든 신문을 잘게 찢어서 세 여인의 머리 위에 종이 눈송이라도 흩뿌리고 싶다.

오늘도 어김없이 등장했다. 전업주부의 비장의 카드 '24시간 영업'. 이 말만 들으면 어처구니가 없어서 말도 안 나온다.

물 길어다 밥하고 얼음 깨서 빨래하던 시대라면 몰라도 귀찮은 집안일은 가전제품이 다 해주는 시대다. 밥 짓는 일이며 빨래며 청소며 제대로 할라치면 한도 끝도 없지만 대충 하려 들면 별것도 아니다. 며칠씩 꾀를 피워도 뭐라고 할 사람 없고, 설령 뭐라 한대도 바빠서 못했다고 둘러대면 그만이다.

얼마나 바쁜지
잠시도 쉴 틈이 없다니까

새하얀 일정표는 문화센터 강좌니 점심 모임이니 학부모 모임이니 자율적으로 메운다. 그러면서도 바쁜 척은 혼자 다하는 이유는 전업주부가 사실은 한가한 직업이라는 것을 들킬까 봐 두려워서가 아닐까?

화석이 되어버린
'행복한 우리 집' 환상

남몰래 보내온 반론에는 대개 "전업주부라고 싸잡아서 말하지 마세요. 저는 그렇지 않아요" "저는 주부로서 최선을 다하고 있어요"라는 글귀가 눈에 띄었다.

여기서 가장 거슬리는 부분은 바로 '는'이다. 자신은 정말 바쁘게 살고 있는데 게으른 전업주부도 있다는 심술궂은 속내가 언뜻언뜻 내비친다. 이런 사연은 백이면 백 "저는 정말 행복해요"로 이어진다(이런, 또다시 '는'이다).

혹시 행복하다는 말을 함으로써 자신을 속이고 있는 건 아닐까? 정말로 행복하다면 행복하다고 떠들고 다니는 확인 작업은 필요 없을 테니. 스스로 행복하고 만족스럽다고 믿는다면 어찌 말리겠는가? 타인의 가치관을 강요받는 것만큼 화나는 일은 없다. 행복이란 저마다 다른 법.

그래서 나는 이렇게 말하고 싶다.

"알아서 할 테니 내버려둬요!"

이웃이나 친척들이 모인 자리에서 으레 나오는 말. "아직 결혼 안 했어요?" "왜 그럴까? 정말 걱정이네" "○○네는 애를 안 낳는대요" "어머, 자식이 없으면 허전할 텐데" 같은 말은 이제 제발 좀 삼가주면 좋겠다.

이들이 말하는 여자의 최종 인생 목표란 행복한 가정을 꾸미는 것이다. 요컨대 남편과 자식이 있고 넉넉한 살림에 덤으로 집이라도 한 채 있으면 더할 나위 없는 인생이다. 이 조건을 갖추지 못한 사람은 불행하다고 생각한다. 이혼이라도 했다고 하면 인간적인 결함이 있는 사람으로 보거나 숫제 인생의 패배자로 취급한다. 웃겨서 말도 안 나올 지경이다.

그러면 기준이 되는 그 행복한 가정이란 무엇일까? 평범한 생활? …… 천만에 말씀! 농담도 정도껏 해야지.

평범한 생활에 행복을 느끼는 사람도 있겠지만 평범함이 곧 행복이라고 말할 수는 없다. 사람마다 행복을 느끼는 기준이 다르기 때문이다. 내가 느끼는 행복은 당신의 행복과는 절대적으로 다르다. 다양한 가치관이 공존하는 세상에서 남편과 자식이 있어야 비로소 완벽한 가정이라는 '행복한 우리 집' 환상에 빠져 있는 분들은 그만 입을 다물어주길.

혹시 여러분 주변에는 그런 사람들 없나요?

눈에는 눈 이에는 이,
덤벼라 세상아!

세상 사람들이 들이대는 행복한 가정이라는 잣대에 진저리치는 이들도 많다. "결혼은 안 하니?" "아직도 애가 없어?" 같은 무례한 말을 듣고도 잠자코 참아내는 모양이다.

반박하지 못하는 이유는 세상에 '행복한 우리 집' 환상이 만연해 있기 때문이다. 하지만 잠자코 받아넘기다니 안 될 말이다. 기권이야말로 그들이 바라는 바다.

그럴 때는 "혼자 사는 게 편하고 좋아요"라고 딱 부러지게 대답하거나 "아이는 필요 없어요. 우리가 선택한 일인 걸요"라고 귀찮더라도 반론해야 한다. 머리가 딱딱한 사람들을 상대로 반박하지 않고서는 세상을 변화시킬 방법이 없다.

넓디넓은 세상에다 대고 어떻게 일일이 반박하겠냐고 포기하려는 당신! 한번 생각해보라.

결혼한 분이라면 만약 이혼했을 경우에 세상 사람들이 당신을 어떻게 볼지 상상해보자. 당신의 머릿속에 떠오른 세상 사람들이란 부모, 형제, 친척, 학교 친구, 이웃, 회사 동료 정도일 것이다. 매일 신문이나 텔레비전에서 보는 넓은 세상과는 한참이나 다르다. 자신과 직접 연관된 세상이란 그 정도 넓이에 불과하다.

왜 아이가 없냐고 무례한 질문을 하는 사람 이름을 구체적으로 떠올려보라. 생각보다 많지 않을 것이다. 같은 사람이 여러 번 신경을 긁었을 공산이 크다. 그렇게 남에게 자신의 잣대를 들이대는 사람들에게 설명해주자. 당신과 나는 가치관이 다르다고.

그렇게까지 말했는데도 물러설 기미를 보이지 않는다면 아예 인연을 끊어버리자. 언짢은 소리를 들으면 되받아친다. 그런 다음 유쾌하게 살아가는 자신의 모습을 상상하라.

그것이 바로 당신이 노력할 수 있는 세상의 범위다.

아이의 세상은 이보다 더 좁다. 가정과 학교가 전부다. 일상에서 접하는 어른이라고는 선생님과 부모뿐이다. 아이들에게는 이 한정된 환경이 온 세계인 것이다. 그런데 엄마의 가치관, 말하자면 엄마의 (비뚤어진) 행복의 기준을 강요했을 때 아이는 어떤 생각이 들까?

얼마 전에 중학생들이 쓴 시

세상 사람들이
욕한다구!

흐흥~
내 알 바 아냐

를 읽을 기회가 있었다. 내 자식이 쓴 시면 어쩌냐고 괜한 걱정을
하는 엄마라면 그나마 낫다.

- 14년, 아버지가 무능한 줄만 알다가 비로소 깨달은 어머니의 어리석음.
- 시험 성적만 100점이면 좋아라 하는 단세포 엄마.
- 더불어 인생을 논할 수 없는 부모 밑에서 나 쓸쓸하다네.

서른셋 여름에 맛본 쓰디쓴 절망

세상의 범위 운운하며 잘난 척 입찬소리를 하고야 말았다.

눈앞에 두부라도 있으면 머리를 짓찧고 싶은 기분이다.

구구절절 유식한 말을 늘어놓으며 잘난 척 하는 건 어렵지 않다. 주제 파악도 못하고 거들먹거리며 설교나 늘어놓다니, 내 자신이 한심하다. 이 모든 게 자신의 직업(칼럼니스트)을 망각한 탓이다.

직업이라는 말이 났으니 말인데, 대개 입회 신청서나 설문 조사 용지의 직업 기입란에는 학생, 회사원, 공무원, 자영업, 아르바이트, 주부, 무직, 기타로 분류되어 있다.

별 생각 없이 이 중 하나에 동그라미를 치는 사람도 많을 것이다. 햇병아리 칼럼니스트였을 때 나는 어디에 표시를 할지 무척이나 고민했었다.

직업이라고 말할 정도로 인정받는 칼럼니스트도 아니니 무직에 표시를 해야 되는 건 아닐까 하고 말이다.

난 무직이었어...

망연자실

정규직 사원보다 열심히 일하는데도 직업란에 회사원이 아닌 아르바이트로 표시해야 하는 현실에 억울함을 느끼는 사람도 있을 것이다. 최근에 구조조정으로 감원당해 실직한 사람은 어떤 심정으로 기입할까?

전업주부 시절만 해도 내 직업이 무엇인지 생각해본 적이 없었다. 왜냐하면 주부였으니까. 세상 물정도 모르고 말이다.

신용카드를 신청하면서 비로소 의문을 가지게 되었다. 카드 발급 신청서의 직업란 분류에는 회사원, 학생, 무직 세 가지밖에 없었던 것이다. 물론 회사원에 동그라미를 치려다가 무직 옆에 붙은 괄호를 보았다.

무직(또는 배우자가 소득이 있는 분).

다시 말해 주부는 이 카드회사 분류에 따르면 무직에 해당된다.

그렇다면 주부는 사회인으로 인정받지 못한다는 것인가!

이 웃지 못할 사건으로 절망감에 휩싸인 건 서른셋의 초여름이었다.

혹시 애정 강요?!

전업주부는 사실상 무직이고 혼자서는 신용카드 하나 만들지 못한다는 사실에 충격을 받았다는 내용에 동조하는 사람은 많지 않았다. 남편 회사에 확인 전화를 한다는 말을 듣고 화가 나서 신용카드를 만들지 않았다는 전업주부(48세)의 사연 정도였다.

휴일도 없이 날마다 아침부터 밤늦게까지 가족을 위해 자신을 희생했건만 소득이 없다는 이유로 카드회사는 주부 명의의 카드를 발급해주지 않는단다. 이래서야 허울 좋은 가정부가 아닌가?

순간 물어보기도 두려운 의문이 고개를 들었다. 그래서 가정이나 부부, 인생에 관한 책을 닥치는 대로 읽었다(소득이 없는 관계로 도서관에서 빌려다가).

책에 따르면 전업주부 가정이란 남편이 경제적 자립의 책임을, 아내가 사회적 자립(가사, 육아 등)의 책임을 나누어 짐으로써 성립한다고 한다. 천만다행이다.

그러나 똑같이 책임을 분담하는 관계인데도 경제적 책임을 지는 남편이 더 잘나 보이는 이유는 뭘까?

석연치 않은 감정이 가시질 않았다.

그러던 어느 날, 독신으로 지내는 친구에게서 콘서트에 함께 가자는 연락을 받았다. 10년 만에 나서는 저녁 외출이었다. 아이 혼자 집에 두고 나가는 게 걱정이었지만 기분전환도 할 겸 과감히 외출을 결심했다.

그런데 그날 아침 아이가 38도까지 열이 올라 학교를 쉬게 되었다. 물론 나는 외출을 포기했다.

나중에 열이 내린 아이에게 "네가 걱정돼서 엄마, 콘서트 못 간 거 알지?" 하고 내심 고맙다는 말을 기대하며 생색을 냈더니, "엄마가 집에 있는다고 해서 열이 내리는 것도 아닌데 가고 싶으면 가지 그랬어"라는 게 아닌가?

고맙다는 말을 들을 요량이었다가 괜한 걱정을 한다는 말에 이만저만 충격이 아니었다.

생각해보면 맞는 말이다. 나는 가지 못한 게 아니라 가지 않았던 거다.

이 녀석들, 엄마의 사랑 좀 사가!

그런 거 필요 없어

괜찮아 죽겠어

희생양을 자처해놓고는 은연중 가족들에게 애정을 강요해왔는지도 모른다. 고얀 녀석, 뼈아픈 말 고맙게 받아들이마. 앞으로는 나부터 챙겨야겠다.

답답했던 마음이 약간은 풀렸다. 서른넷 겨울의 일이다.

당신은 필요 이상으로 가족을 보살피고 있지 않나요?

괜한 참견이라는 말을
들었을 때가 찬스다

38도의 고열에 시달리는 아이 곁을 지키는 건 과잉보호가 아니라
전업주부건 일하는 엄마건 당연한 일이라며 여기저기서 핀잔을 들
었다. 아이에게 생색을 낸 게 문제라고 따끔한 주의도 받았다.

억울한 마음에 이 자리를 빌어 변명을 하고자 한다.

아이는 오전에만 잠깐 열이 났을 뿐이지 콘서트에 나설 저녁 무
렵에는 체온도 정상이었고 식욕도 왕성했다. 저녁 메뉴로 돈가스
를 먹고 싶다고 할 정도였으니까. 더구나 젖먹이 어린애도 아니고
벌써 초등학교 5학년이었다.

이 정도면 괜한 걱정을 자청했다고 해도 되지 않을까?

지금 같으면 아이가 고열에 시달리든 말든 외출했을 거다.

얼마 전에도 아픈 아이에게 약을 먹이고는 "두 시간이면 돌아올
테니 무슨 일 생기면 휴대폰으로 전화해. 참 공연 중에는 휴대폰
꺼놓아야 되니까 메시지 남기고" 하고 외출했다. 공연이 끝난 뒤

휴대폰에 메시지가 들어와 있지 않은 걸 확인하고는 술자리에 어울려 다음날 아침에야 귀가했다.

"어제 늦게 들어왔지?" 하고 아이가 볼멘소리를 했다.

"무슨 소리야? 12시 좀 넘어서 들어왔어."

이미 잠자리에 들었을 시간이라 거짓말을 했다.

"아냐, 1시 반에 화장실 가려고 깼을 때도 안 왔던데 뭐. 아픈 애 혼자 두고 엄만……."

바라보는 눈길에 원망이 가득하다. 이를 어째!

"괜찮았으니까 메시지 안 남겼던 거 아니니? 살아 있으니 됐잖아. 불평할 기운도 있고. 엄마는 술을 너무 많이 마셔서 머리가 지끈거려."

이렇게 어물쩍 딴청을 피웠다.

아픈 몸으로 혼자 집을 보았다고 생색내는 자식을 두고 볼 수야 없지 않은가? 귀찮다는 둥 상관하지 말라는 둥 폭언을 내뱉을 때가 찬스다.

"알았어. 앞으로는 네가 해달라는 것만 할게" 하고 쏘아붙이고는 당당히 자식 뒤치다꺼리에서 벗어나자!

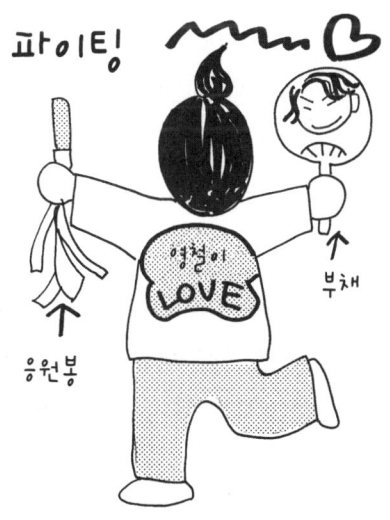

세상의 모든 답답파를 위해

　서로 의지하며 가정을 꾸려나가야 한다면서 밖에서 일하는 남편이 왜 더 나은가? 이 질문에 "남편이나 아내나 서로 대등한 존재니 비굴해질 필요는 없다" "살림하는 주부로서 자부심을 느낀다" "남편이 더 훌륭하다고 생각한 적은 없다"는 자존심파의 의견도 있었지만 그보다는 답답파 쪽이 조금 더 우세했다.

　자존심파 중에는 이런 독특한 방법을 쓰는 사람도 있었다.

　"우리 부부는 월급에서 기본급은 생활비나 저금에 충당하고 잔업수당이나 특별수당은 반으로 나누어 남편과 제 용돈으로 씁니다. 결혼 8년째지만 아직까지 싸움 한 번 한 적 없어요."(37세)

　흐음. 답답파의 대표인 나로서는 눈이 번쩍 뜨이는 말이다.

　'혹시 애정 강요?!'에 관해 "애정은 강요하는 것이긴 해도 자녀에게 감사하라는 태도는 옳지 않다"는 지적. 지당한 말씀이다. 그러면서도 가족들 치다꺼리에 지나치게 매달린다는 자각들은 하고 있는 듯하다.

그런데 답답파의 이런 사연을 받았다.

"저는 자기만족을 위해 가사에 전념하고 있습니다. 아이를 초등학교에 보낼 때쯤이면 어떻게 육아에서 손을 떼느냐가 과제가 되겠죠. 고등학교를 졸업하면 독립시킬 작정이어서 제게는 '지금'이 중요해요. 문제는 남편. 마음만 먹으면 저도 풀타임으로 일할 수 있어요. 한데 남편은 기득권을 뺏기고 싶지 않은 모양이에요. 집안일이나 일상의 잡다한 일들을 떠맡게 될까 봐 지레 바쁜 척 합니다. 무리를 해서라도 직장에 다니면 남편도 어쩔 수 없이 집안일이나 애 보는 일을 거들겠죠. 이대로 아이가 독립할 경우, 남편은 자기 혼자 밖에서 힘들게 일하고 나는 집에서 놀고먹었다고 책망할지도 몰라요. 그래도 지금은 아이 곁에 있고 싶어요."(37세)

나가서 일을 하는 데 근본적인 걸림돌은 남편과의 관계다. 남편의 기득권이라는 말은 기막힌 표현이다. 하지만 남편이 기득권을 포기 못하겠다면 뻔뻔하게 놀고먹는다는 말을 들을 이유가 없다. 일하고 싶어도 일을 하게 만들어주지 않는다고 밀어붙이

나는 밖에 나가서
일하는 사람이라구!!

에헴!

왜 나만 못났지?!
나도 집에서 열심히
일하는데…

31

면 그만 아닌가?

그러나 문득 정신을 차려보면 어느새 마흔, 그제서야 허둥지둥 직장을 구하려 해도 사회라는 게 그리 호락호락하지 않다.

"구인 광고 중에서 마음에 드는 곳이다 싶으면 어김없이 서른다섯이 커트라인이랍니다. 어떻게 해야 할지 모르겠어요."(41세)

능력이나 인생 경험에 상관없이 버젓이 나이가 너무 많다는 이유를 대는 부조리한 세상이다. 그러니 물론 '지금'이 중요하겠지만 '미래'를 위해서라도 이제부터 준비하는 게 나을지 모르겠다.

이어지는 내용에서는 사회 복귀에 성공한 사람, 남편의 기득권에 맞서 싸운 경험이 있는 사람, 억울한 일을 당한 사람의 다양한 실태를 소개하겠다.

내 인생의 주인공은 바로 나

"아이가 독립한 후에 일을 시작했어요" "시부모 병간호를 끝내고 학교에 다니고 있어요" "좀 쉬려고 시간제 일을 그만뒀어요" 등의 사연을 받았다.

선택은 다양하다. 모두 충실히 자신의 인생을 누리고 있는 것 같다. 브라보!

직장을 가지려고 남편의 기득권에 맞서 싸우는 사람도 있다. 고리타분한 남성들은 "내가 벌어오는 게 못마땅하면 나가" "당신이 직장에 다니든 말든 난 집안일은 안 해"라는 반응을 보일 것이다.

나가라고 해도 직업 없이 나이만 먹은 주부는 속수무책이라서 길거리를 배회하는 게 고작이다. 남편이 집안일을 거들지 않겠다고 버티면 아내의 부담만 커진다. 그렇게 무리해서 직장을 다닐 필요가 있겠느냐는 생각이 든다.

흐음……. 살림하는 게 적성에 맞는다면 그것도 괜찮은 방법이다.

병은 사소한 데서…

운동도
꾸준히 하고!!

'나는 뭐지'라는 생각이 머릿속을 맴돌던 전업주부 시절. 나는 뭉게뭉게 피어오르는 상실감 속에서 허우적거렸다.

학교 다닐 때만 해도 남자와 여자는 대등한 관계였다. 그러던 것이 가정주부가 된 후부터 남편에게 사육당하고 있다는 느낌을 떨쳐버릴 수가 없었다. 납득이 가지 않는다.

아이가 제 일을 알아서 할 나이가 되면서 육아라는 명분도 일단락. 애정을 강요한다는 반응에 기겁하고, 본디 질색이던 집안일(이것이 자존심파가 될 수 없었던 원흉이었을까?)을 되풀이하다 보니 공허감만 더해갔다.

그러다가 건강을 해치고 말았다. 하루에도 몇 번씩 가슴에 통증이 왔다. 금방이라도 심장이 멈출 것만 같았고 숨을 쉬기도 힘들었다. '이대로 죽는 건가, 그것도 나쁘지 않아' 하고 눈을 감고 며칠을 드러누워 기다렸다.

그러는 동안 내 장례식을 상상했다. 장례식에 와줄 사람을 꼽아보니 친정 식구들과 처녀 적 친구 몇을 빼면 내가 아닌 아무개의 부인, 누구누구의 엄마, 어느 집안 며느리의 장례식에 참석하는 사람들뿐이었다. 결혼하고 12년 동안 알고 지낸 사람이라곤 남편이나 자식, 집안이라는 필터로 거른 사람들뿐.

진심으로 울어줄 사람 하나 없고 남편 성씨로만 나를 기억하는 사람들이 향을 피운다고 생각하니 온몸에 한기가 들었다.

똑같이 귀하게 태어난 남자와 여자가 한쪽은 개인으로 살고 다른 한쪽은 그 부속물로 생을 마감한다는 건 앞뒤가 맞지 않는 이야기다.

고생해서 키워주신 부모님께 면목이 없었다. 이대로 죽을 순 없다는 생각에 간신히 일어나 병원에 갔더니 휠체어를 타야 할 정도로 쇠약해져 있었다. 하지만 이틀에 걸친 검사 결과는 이상 없음. 금방이라도 죽을 것 같더니만…….

어처구니가 없었다. 병은 마음에서 온다더니 사실인가보다. 이 사건 이후 내가 얻은 결론은 '내 인생의 주인공은 바로 나'라는 것.

하지만 서른다섯, 나이만 겁나게 먹어버린 주부(무직).

이제 와서 깨달은들 무엇 하리?

신나는 모의 사회 체험

오랫동안 전업주부로 지냈으면서…….

취직하면 곧바로 여성지 첫머리를 장식하는, 서류를 옆에 끼고 회의실로 내달리는 정장 차림의 오피스 레이디가 될 거라는 착각에 빠져 있었다. 얼마나 세상 물정에 어두웠던지…….

물론 가당치 않은 꿈이었다. 눈을 부릅뜨고 찾아낸 아르바이트 일자리의 시간당 급료는 고등학생보다 적었다. 충격!!

인생 경험 풍부한 내가 인사도 제대로 못하는 어린아이 이하라니. 나이만 먹는다고 사회적인 평가가 따라 오르는 건 아닌 모양이다.

'포기' 무드가 감돈다. 오랫동안 아이를 키우면서 몸에 밴 참을성이 큰 도움이 되었다. 취직에 대한 열망은 깨끗이 포기했다. 대신 가정에서 벗어나기 위해 몰두한 게 학부모 모임이었다. 아이들이 다니는 초등학교에는 교육열에 불타는 학부모들이 많아서 학부모회 활동은 더없이 활발했다. 해마다 한 번 열리는 바자회 때는 그야말로 온몸을 불태웠다. 바자회 행사에 엄마들이 총출동해서 수예품을 만들어 모의상점을 열었다. 대대적으로 내건 슬로건은 '아이들에게 보다 나은 교육 환경을!' 이었다.

얼마나 수예품 제작에 정신이 팔렸든지 피자나 배달 음식으로 아이들 저녁을 때우는 날의 연속이었다. 본말이 전도된 게다.

말이 좋아서 수예품 제작이지 손걸레 100장 만들기 따위다. 하지만 오해 마시길. 보통 손걸레가 아니다. 리본이나 레이스를 달고 수까지 놓은 것도 있으니까. 아무튼 아침부터 저녁까지 죽어라 만들고도 값은 석 장에 천 원. 동남아시아 봉제공장에서 생산된 물건과 다를 바 없는 가격이다. 노동력을 원가에 넣지 않는다는 점이 공짜 노동을 당연시하는 주부의 감각인 것 같다.

지금 생각하면 규모가 큰 가게 놀이였지만, 당시에는 소박한 사회 체험이라고 한껏 들떠 있었다. 외부 사람들과 흥정하는 경우도 있어서 비즈니스 모의 체험을 하는 기분이었다. 그때까지 돈을 쓸 줄만 알던 내가 바자회를 통해 돈을 버는 사람이 되었으니 그럴 만 하지 않은가? 말로 표현할 수 없는 쾌감이었다.

그 일이 있은 후 한동안 엄마들 사이에서 가게를 해보고 싶다는 이야기가 열병처럼 입에 오르내렸다.

어서 오셔서
구경들 하세요 ♡
예쁜 수제품이 많아요 ♪

가게 주인 놀이

내가 평생 직업을 발견한 계기

내가 글 쓰는 일을 하게 된 계기는 이렇다.

바자회 체험을 통해 장사는 밑천이 필요하고 재고 관리도 보통 일이 아니라는 사실을 깨달았다. 뭔가를 하고 싶어도 돈이 없었던 것이다.

그때 이런 글을 읽었다.

"밑천 없이 할 수 있는 장사는 도둑과 창녀와 글쟁이뿐이다."

무릎을 탁 치게 하는 글귀였다. 계기란 것은 이처럼 예고 없이 찾아온다. 글 쓰는 일도 좋아하니 작가가 안성맞춤이라는 생각이 들었다. 예전부터 심심풀이로 지인들 사이에 만들어 돌리던 소식지도 재미있다는 평을 들었으니까.

그러나 스포츠 선수인 경우에는 시간이나 거리 따위로 실력을 가늠할 수 있지만 글은 재미나 솜씨를 측정할 수 없다. 아마추어 글쟁이인 나는 어찌해야 할지 고민에 빠졌다.

그러던 참에 하루는 글짓기 숙제로 끙끙대는 아이를 보다 못해 작문을 대신 해주었다. 한데 그게 시에서 주관하는 글짓기 대회에서 덜컥 입선해버린 것이다.

'나에게도 글재주가 있는 건 아닐까? 아냐, 우연일지도 몰라.'

자신감이 생기지 않아 이번에는 확신범죄를 저질렀다. 싫다는 아이의 작문 용지를 빼앗아 글짓기를 해서 제출했다. 또다시 입선. 브라보, 천재 탄생!

한번 띄워주면 하늘 높은 줄 모르고 내려올 줄을 모르는 성격인지라 일본 문학계의 장래를 위해 등단을 결심하기에 이르렀다.

결심이 서자 그 다음은 일사천리였다. 우선 비정기적으로 발행하던 소식지를 정기적으로 내기로 했다. 마감에 쫓기는 작가라는 이미지트레이닝에서 시작한 것이다. 한 달에 두 번 찾아오는 마감 날짜를 한 번도 어기지 않고 3년 동안 소식지를 발행했다. 물론 우표 값은 내가 부담했다.

100부 한정이라고는 해도 만만치 않은 지출이었다. 취미에다 헛돈 들인다는 생각은 하지 않았다. 엄연히 나를 위한 투자니까.

프로 작가가 될 수 있으리라고 확신한 건 91세로 세상을 뜨신 할머니 장례식 기간에도 평소대로 소식지를 발행했을 때다.

배은망덕한 손녀를 용서하세요, 할머니…….

모쪼록 저승에서만 노여워하시길.

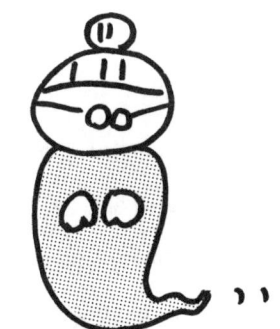

어휴~
누굴 닮아서 저런지….

꿈은 이루어진다

신문기자에게서 내가 발행하는 소식지를 취재하고 싶다는 전화를 받았다. 지성이면 감천이라 했던가? 옛말 하나 그르지 않음을 깨달았다. 소식지를 읽은 여기자는 "재미있네요. 책으로 엮어보면 좋을 거 같은데요" 하고 말해주었다. 기자라면 글쓰기의 프로다. 전문가에게 보증수표를 받고 나는 한껏 들떴다.

다음 목표는 출판이다. 좋은 일은 서둘러야 하는 법.

하지만 출판사에 아는 사람이 없었다. 그렇다고 움츠러들 내가 아니다. 서점에 가면 널린 게 매뉴얼서다. 서점 주인에게는 미안한 일이지만 『당신도 책을 출판할 수 있다』라는 책을 내리 서서 읽었다. 먼저 출판사에 기획서를 보내란다. 이런 내용의 책이 있는데 어떠세요, 하고 홍보를 하는 것이다. 이때 원고도 함께 보내라고 되어 있었다.

400자 원고지 200매 이상은 있어야 책을 낼 수 있다는데, 가지고 있는 원고로는 어림도 없었다. 한데 다음 페이지에 먼저 10매 정도 보내놓고 대답을 들은 후에 쓰는 방법도 있다는 내용이 눈에 띄었다. 가려운 데를 시원하게 긁어주는 말이다. 집에 돌아와 전화번호부에서 출판사 페이지를 찾았다. 그리 많지 않은 지역 출판사를 차례로 공략하기로 했다. 책에서 일러준 대로 원고를 봉투에 넣어 빨간 펜으로 '기획서 재중'이라고 적어 몇 군데 출판사에 보냈다.

며칠 후에 한 출판사에서 나머지 원고도 보여달라는 연락이 왔다. 그렇게 순식간에 엮어 출간한 『슈퍼 아줌마의 하카타 대소동』이 후쿠오카와 기타규슈에서 베스트셀러가 되었다.

1998년 5월 17일 니혼게이자이신문 북섹션 문예 부문에서 쟁쟁한 작가들의 작품을 따돌리고 당당히 6위에 올랐다.

물론 할 수 있는 일은 다 했다. 후광을 입으려고 선배인 이즈미 아사토 씨에게 추천사를 부탁했다. 그녀는 흔쾌히 "대학 시절에 그녀의 영향을 3퍼센트쯤 받고 나는 작가가 되었다"라고 써주었다. 소식지를 받아보던 지인들도 풀뿌리 홍보 운동을 전개해주었다. 서점에서 내 책을 슬쩍 앞으로 옮겨놓거나 "이 책 정말 재미있네요" 하고 은근슬쩍 선전을 해주기도 했다.

곰곰이 생각하면 글쟁이가 되고 싶다는 꿈은 나의 믿음과 친구들의 도움 덕분에 실현되었다.

우선 달리고 보는 거야

해보지 않고는
모르는 법

넘지 못할 장벽은 없다

현재 '도쿄'라는 필명으로 활동하고 있지만 데뷔 때만 해도 마츠이라는 성을 함께 썼다. 한데 이 성 때문에 예기치 않은 일을 겪게 될 줄이야…….

첫 텔레비전 출연이 발단이었다. NHK 방송사의 생방송 토론 프로그램에서 폭언을 하고 만 것이다. 주제는 쓰레기 분리수거 문제였다. 후쿠오카 시가 쓰레기를 불에 타는 것과 불에 타지 않는 것으로 분류하고 있을 때, 구루메 시는 무려 17가지로 분리수거를 실시하고 있다는 내용이었다. 자료 화면을 본 나는 무심코 "구루메 시에 살지 않아서 다행이네요. 귀찮아서 저걸 어떻게 해?" 하고 본심을 털어놓고 말았다.

그 발언에 구루메 시 자원봉사자가 눈물을 흘리며 항의를 했다. 스튜디오가 발칵 뒤집힌 건 말할 필요도 없었다. 다음날 신문에는 "어제 텔레비전 모 프로그램에서 빨간 안경을 쓴 주부의 몰지각한

발언에 울화통"이라는 글이 독자투고란 여기저기에 실리고 말았
다. 그러나 다음날, 한 구루메 시 주민이 보낸 "솔직한 발언 감사합
니다. 실제로 쓰레기 분리수거에 대한 부담이 말도 못해요"라는
내용의 글이 투고란에 실렸다. 신문 지상에 때 아닌 쓰레기 분리수
거 논쟁이 불붙었다.

파문을 일으키긴 했지만 이 발언이 사람들에게 생각거리를 던져
준 셈이다. 나는 보람을 느꼈으며, 악역으로 몰려 사람들에게 욕을
먹더라도 당차게 입바른 소리를 하자고 결심했다.

그러나 회를 거듭하면서 주위에서는 "○○집 부인이 텔레비전
에서 그런 말을 했대요 글쎄" 하고 눈살을 찌푸렸고, 가정이나 연
고사회에서는 순악질여사 흉내를 중단

하라는 불평이 쏟아졌다. 그때 비로
소 성이라는 게 개인의 것이 아니
라 소속된 집안을 나타내는 기호라
는 사실을 깨달았다. 내가 지향한
여성의 자립은 이렇게 개인의 정체
성이라는 벽에 부딪히고 말았다.
하지만 넘지 못할 장벽이란 없다.

"성을 떼고 활동하면 불만 없겠
지?" 하고 쏘아붙이고 4개월 후에
실행에 옮겼다. 생각했던 것보다
가뿐했다. 성은 연대책임의 표시였
던 것이다.

이런 데다간
이름 못 적어!
결혼 전 성을 적으라니…

동창회명부
이름ㅡㅡㅡ
결혼전성(   )

그렇게 큰 의미를 지닌 성인데도 결혼해서 성을 바꾸는 쪽은 보통 여자다(서양처럼 일본에서도 결혼하면 같은 성을 쓰는 게 원칙이다. 보통은 여자가 남자 집안 성을 따른다–옮긴이). 왜 그래야 하는지 물었더니 한 강경파 남성의 대답이 가관이다. "내 여자로 만들고 싶어서 그런 거 아니겠어요?"였다.

자기 여자라고, 여자가 소유물이란 말인가?

"여자들은 참 대단해. 성이 바뀌면 그때까지의 인생이 아무것도 아니라는 느낌이 들지 않나? 나 같으면 못하지. 그런데 당사자인 여자들은 왜 그렇게 태연한 거야?" 하고 감탄어린 어조로 남의 일인 양 되묻는 남자도 있었다. 하긴 나도 어렸을 때 좋아하는 사람 성 밑에 이름을 적어놓고 가슴 설렌 경험이 있다. 살며시 소리 내어 읽어보고는 또다시 두근두근.

그러나 지금 그런 장면을 목격한다면 "너는 소유물이 되어도 좋으냐"고 윽박지를 것 같다. 이런 딸의 낙서를 보면서 흐뭇한 마음으로 웃어넘길 수 있겠는가?

013

억울하지도 않으세요?

최근 들어 부부 배우자가 각자의 성을 사용하는 별성別姓 제도를 인정하는 민법 개정안이 국회에서 폐기되었다. 국회는 아저씨 왕국이다. 남성을 우대하는 호적 제도를 뒤집는 부부 별성제 법안은 어지간해서는 통과될 것 같지 않다. 그 사실을 감안하고도 결혼해서 남편 성을 따를 거냐고 물었더니, 결혼한 후 남편과 같은 성을 쓰게 되어 기뻤다고 대답하는 게 아닌가?

"성은 단순한 분류 개념이에요. 시부모를 모시지 않을 경우 명절 때만 잘 참고 견디면 며느리라는 굴레에서 해방될 수 있어

이러다간
이름도
잊어버릴 거야

삼가 감사의
말씀 드립니다
○○○,
처
F.

45

요. 무슨 일이든 생각하기 나름 아니겠어요?"(회사원, 41세)라는 쿨한 사람도 있었다.

흐음. 이번엔 사실혼파인 친구에게 여성들이 왜 결혼 후 성이 바뀌어도 태연한지 물었더니, "가정주부로 살다보면 다들 아무개 엄마나 그냥 아줌마라고 불리잖아. 그러니 이름이 어떻든 무슨 상관 있어?" 하고 대답하는 것이다.

아하. 이렇게 해서 남편 부속물로서 첫 걸음을 내딛는 건가?

더욱이 결혼하면 성만 변하는 게 아니라 이름도 사라진다. 부부 앞으로 온 결혼식 초대장을 받을 때면 통감하는 사실이다. 남편 이름 옆에 사모님이라고만 적혀 있다. 남편 이름보다 2배는 작게 말이다. 좌석표에도 아무개 사모님이라고 적혀 있다. 초대하는 사람 입장에서야 초대객의 부인 이름 따위는 아무래도 좋으리라.

결혼은 좋든 싫든 간에 여자로 하여금 성은 물론이고 이름마저 버리도록 만드는 제도인 것이다. 족보에 실리는 여女라는 표기와 마찬가지다. 옛날 족보를 보면 서글픈 생각이 들지 않는가? 남자나 여자나 똑같이 귀한 존재인데 남자는 고유의 이름으로 기록되고 여자는 전부 '여'로만 실린다. 그 연장선상에 '사모님'이란 호칭이 있는 것 같아서 영 께름칙하다. 이렇게 내가 핏대를 세우며 불만을 토로해도, 남편 이름 옆에 버젓이 '처'라고 적어서 편지를 보내는 여성은 귓등으로도 듣지 않을 테지만.

미리 예식 대행 업체에 부부 앞으로 보내는 청첩장일 경우 부인의 성명을 함께 적어달라고 말해두면 이런 불유쾌한 일은 겪지 않아도 된다. 부디 앞으로 결혼할 사람은 유의하기 바란다.

014

가볍게 볼 수 없는 성씨 문제

결혼 후 남편과 같은 성을 쓰게 되어 기쁘다는 의견 일색에 적잖이 실망하고 있던 차에 동지의 사연이 도착했다.

부당한 대접을 받고도 잠자코 있으면 그 일을 인정하는 꼴이 된다. 드러내놓고 말하지 않으면 상대방은 자신의 잘못을 깨닫지 못한다. 여럿이 함께 말하면 두렵지 않다. 그래서 이 지상 전쟁을 벌이는 거니까.

"저는 부부가 각자의 성을 써도 괜찮다고 생각합니다. 한데 남편은 당연하다는 듯이 반대해요. 부부가 성이 다르면 결혼한 의미가 없다며, 그럴 바에야 차라리 동거하는 게 낫

47

대요. 성이 다르면 부부가 아닌가요? 그이 아내인 건 좋지만 아무개 가문 며느리가 되기는 싫습니다."(주부, 23세)

"부부 별성제에 찬성합니다. 남편 성으로 불리면 예전의 제가 없어져버릴 것 같아요. 결혼 1주일째 되던 날, 별 생각 없이 남편 성으로 바꿔버린 걸 후회했어요."(무직, 30대)

그녀는 예전부터 알고 지내던 사람에게는 결혼 전 성으로 불러 달라고 한 모양인데, 직장에 다니게 되면 옛 성을 쓰기 어렵지 않을까 고민이라고 한다. 결혼 후에도 직장 생활을 하는 여성인 경우에는 현실적인 불이익을 경험한다.

"절대적으로 찬성합니다. 직장에 다니는 중간에 이름이 바뀌면 불편한 일이 한두 가지가 아니에요. 전화나 메일로 연락하던 사람들은 담당자가 바뀐 줄 알더군요. 새로 인맥을 만들어야 하니 이만저만 손실이 아닙니다. 결혼 전 성을 그대로 쓰면서 일을 계속하는 방법을 모색해보았지만 너무 번거로워서 포기하고 말았어요."(27세)

관급 공사처럼 일단 결정되면 뒤집는 게 보통 힘들지 않다. 사전에 방법을 강구해야 한다.

"시어머니는 못마땅한 낯빛이지만 다섯 살배기 아들한테 나중에 결혼하면 누구 성을 쓸 건지 아내와 의논해서 결정하라고 가르칩니다."(30대)

이런 엄마들이 많으면 좋을 텐데…….

그렇다. 결혼하면 반드시 여자가 성을 바꿔야 한다는 법률은 어디에도 없잖은가?

015

인생 설계, 언제든 가능하다

좌충우돌, 여자의 인생.

미래를 기점으로 거꾸로 계산해서 인생을 설계하는 여성이 있다면 만나보고 싶던 차에 한 28세 여성으로부터 이런 사연이 날아들었다.

고등학교를 졸업하고 국가공무원 시험에 합격해서 근무하다가 나무 의사가 되기로 결심하고 민간 조경업체로 전직했다. 관공서 수주 공사가 대부분이어서 판에 박힌 업무 내용에 미진함을 느끼고 조경 설계 관청에 재취직하기 위해 퇴직. 그 후 지방자치단체에서 위탁근무를 하다가 현재 상급직을 목표로 수험 공부에 한창이라고 한다.

"서른 전에 합격해서 마흔쯤에 계장 달고 환경 정비 기획 쪽 일을 하고 싶어요. 50대에는 젊은 세대를 육성하고, 퇴직 후 5년쯤 관련 직종에서 일하다가 환경교실을 여는 게 꿈이에요. 일곱 살과 세 살배기 딸이 응원해주는 덕분에 열심히 공부하고 있어요. 아이들 때문에 못한다는 핑계를 대는 건 아이들에게 미안한 일인 거 같아요."

이토록 치밀하게 인생 설계를 해두다니 장하십니다! 딸들도 엄마의 마음을 헤아리는 모양이다.

다음은 가슴에 미래의 청사진을 품고 살다가 결국 실현했다는 사연이다.

"고등학교 때 이미 심리학에 관련된 일을 평생 직업으로 삼을 결심을 했어요. 결혼과 출산, 남편의 전근, 전직으로 여러 번 일을 중단할 수밖에 없었어요. 하지만 아무리 사소한 경험이라도 일에 보탬이 된다고 여기며 착실히 공부를 계속했어요. 고등학교 시절에 결심한 이후 실제 자격증을 따기까지는 12년이 걸린 셈이에요. 나름대로 생각도 많이 하고 경험도 쌓았으니까 이제부터라고 생각해요. 7개월 된 막내 녀석이 자라서 학교에 갈 나이가 되면 대학원에 진학해 한 책상에 앉아서 숙제하는 게 꿈이에요."(임상심리사, 32세)

위에 소개한 사람들은 젊었을 때부터 목표를 세우고 착실히 실행에 옮기는 사람들이다. 내 인생을 돌아보니 어영부영 생각 없이 산 세월이 너무 길다.

하지만 인생을 설계하는 데 결코 때늦은 시작이란 없다.

호호호~
90세에 골프를 시작해
100세에 에이지슛을 달성했다우.
110세 전에 세계 유명
골프장에서 플레이하는 게 내 꿈이야.

016

에둘러가야 할 때도 있다

치밀한 인생 설계 앞에서 주눅 든 분들도 있으리라.

그러나 안심하시길. 대부분의 사람들이 미래는 대충 이렇겠지 하는 막연한 상상에 그치니까. 그 정도면 충분하지 않을까?

"상품을 개발해서 판매하고 있어요. 인생의 꽃을 제대로 한 번 피워보려고 청춘을 구가하고 있어요."(벤처주부, 55세)

이렇게 활기 넘치는 사연이 있는가 하면,

"아무리 계획을 번지르르하게 세운들 마음먹은 대로 안 되는 게 인생 아닌가요?"(주부, 37세)라는 쿨한 의견도 있었다. 공감한다.

"아이 키우면서 직장 다니는 일이 어쩜 이렇게 힘든지요. 갑갑 해서 견딜 수가 없어요"라고 한탄하는 사회복지사로 일하는 27세 여성의 경우를 살펴보자.

출산 후 직장에 다니며 육아와 집안일을 남편과 분담했다. 그렇 게 1년 반이 지나고 4월 인사이동으로 좀더 책임감이 요구되는 부

어딜 가나
벽이 가로막고 있어

서로 발령을 받았다. 잔업이 시작된
다는 의미였다. 유치원은 6시 반
까지고, 남편 역시 반년 전에 승
진한 상태라 제 시간에 퇴근하
기도 힘든 상황이다.

고민을 털어놓은 적도 없는
데, 젊은 여성 미혼 여직원들은
그렇게 힘들면 그만두면 되잖
느냐고 쑥덕거린다. 5시 반 퇴
근. 업무를 소홀히 하는 건 아니
라고 자위하며 일을 정리하고 퇴
근했는데, 우려한 대로 업무에 차질
이 생기고 말았다.

여러 차례 상사에게 의논해도 아이를 집에 혼자 두면 될 거 아니
냐는 성의 없는 대답만 돌아올 뿐이다. 그러나 한 살배기 아이를
집에 혼자 둘 순 없는 노릇이다.

결국 그녀는 직장을 그만두었다. "이해가 안 가요. 직장을 그만
두는 것 외에 달리 무슨 방법이 있겠어요. 냉혹한 사회에 지고 만
걸까요? 아이를 팽개치고 일을 계속하는 게 옳았을까요? 지금은 아
무 생각도 나지 않아요. 그저 멍할 뿐이에요"라고 심정을 털어놓
았다.

일에 보람을 느끼고 높은 자리에 오른 탓에 퇴직에 이르고 만 것
이다. 여성의 삶이란 이리저리 치이다가 결국은 궁지에 내몰리는

상황의 연속이다. 그렇지만 그녀는 굴하지 않고 "평생 어렵고 힘든 사람들을 도우며 살고 싶어요"라는 말로 끝을 맺었다.

그렇지. 바로 그런 마음가짐이다! 이번 경험은 결코 헛되지 않다. 어려움을 겪는 과정에서 타인의 아픔과 괴로움을 온전히 이해하는 성숙한 사람으로 거듭날 수 있을 것이다.

사회복지사로 복귀하는 그날을 위한 시련쯤으로 여기면 된다.

생각대로 안 풀리니 인생은 더 재미난 법이다.

017

내 직업은 슈퍼 주부

명함을 가지고 있는가?

사람들이 모이는 장소에 가면 처음 만나는 사람과 종종 명함을 주고받는다. 이럴 때 명함이 있으면 아주 편리하다.

우선 상대방의 이름을 알 수 있고, 직책을 보고 무슨 일을 하는 사람인지도 알 수 있다. 어쩌다 처음 만나는 사람과 둘만 남겨져도 그 종이 한 장을 매개로 화제를 발견하고 어색한 침묵에 빠지지 않아도 된다.

직책에서 화제를 발견하지 못하더라도 "재생지로 만든 명함이네요" "이 로고 상당히 독특한데요" 혹은 "댁이 ○○

이런 사람입니다

척!

세요? 저희 친척도 거기 사는데" 같은 말로 무난히 대화를 이어나 갈 수 있다. 그러다가 우연히 공통점을 발견해 친한 사이로 발전하 는 수도 있다.

그런데 간혹 명함을 내밀었을 때, "저는 주부라서 명함이 없는 데요" 하고 기어들어가는 소리로 말하는 사람이 있다.

이럴 때가 참 난감하다. 이름만 듣고는 한 번도 기억한 적이 없 다. 결혼한 지 얼마나 되며 고향은 어딘지 묻고는 그대로 끝이다.

할 말이 마땅치 않아 그만 입을 다물게 된다.

안타까운 일이다.

"직업도 없고 무슨 봉사활동을 하는 것도 아니어서 이렇다 할 직책이 없어요. 명함에 이름하고 주소만 넣는 것도 창피하잖아요" 하고 말하는 어느 주부.

직책은 만들면 그만이다.

자연식품을 즐긴다면 '환경주의자', 요리하는 게 취미라면 '가 정요리연구가' 등등 뭐든지 가능하다. 먼저 붙이는 사람이 임자다.

내가 맨 처음 워드프로세서를 사서 한 일이 바로 명함 제작이었 다. 당시 명함에 넣은 직책은 '슈퍼 주부'였다. 물론 슈퍼에 가는 주부라는 뜻은 아니다. 당시 한창 유행하던 슈퍼모델의 슈퍼다.

사용할 기회가 없어서 몇 장 쓰지는 못했지만, 명함을 만들고 무척 기분이 좋았다는 건 기억한다. 부적처럼 항상 지갑에 넣고 다 녔으니 알 만 하잖은가.

여러분도 명함 하나 만들지 않으시렵니까?

018

명함에 넣어도 되는 것, 안 되는 것

주부도 명함을 만들자는 내 의견에 많은 사연이 도착했다.

"명함을 갖고 있어요. 정말 편리하더군요. 메일주소 같은 걸 써서 건네줄 시간도 없고 휴대폰 번호도 그냥 알려주면 상대방이 외우기 힘들잖아요. 주부에게도 사람 만나는 일은 중요합니다. 주부야말로 명함이 필요하지 않을까 싶어요. 제 경우엔 작년에 접촉사고가 났을 때 큰 도움이 되었어요. 연락하라고 명함을 건네주고 차분히 사고를 수습했어요."(주부, 35세)

명함이 있어서 다행이다. 특히 교통사고가 났을 경우에는 당황해서 아무 생각도 나지 않으니 말이다. 부피가 나가는 것도 아니고 한 장 있어도 손해볼 일은 없다. 부담 가질 필요 없이 직접 만들어보면 어떨까?

컴퓨터로 만들어서 출력해도 되고, 저렴한 가격으로 명함을 제작해주는 가게에 맡겨도 된다.

그럼 명함에는 어떤 내용을 넣으면 좋을까?

이름, 주소, 전화번호, 메일주소면 된다. 좌우명 같은 걸 넣어 재미있게 꾸밀 수도 있다.

그런데 앞에 소개한 주부는 명함을 만들 때 이런 경험을 했다고 한다.

"남편이 집에 피해가 안 되게 집 주소와 전화번호는 넣지 말라고 했을 때 충격을 받았어요. 가정과 별개의 세계를 가져도 좋다는 뜻인지 생각하게 되더군요."

당신이 뭔데
내 주소를
함부로 쓰냐구?
내 집이란 말이야!!

충격을 받긴 했어도 그녀는 남편 말을 좋은 쪽으로 해석하고 있다. 하지만 나는 울화가 치밀었다.

업무상 교환하는 명함에는 직장 주소만 넣는 경우가 많다. 매일 업무로 만나는 사람과 수도 없이 명함을 주고받으니 당연한 일이다. 명함만 교환하고 그걸로 끝나는 경우도 흔하다. 따라서 사생활 보호를 위해 명함에 집주소를 넣지 않는 것이 보통이다.

하지만 직장 명함과 주부의 명함은 의미가 다르다. 앞으로 더 친해지고 싶고 더 만나고 싶은 사람에게 주는 명함이기 때문이다.

세 살 먹은 아이도 아니고 길 가다가 아무에게나 줄 리도 없다.

주부는 집주소도 마음대로 쓸 수 없을 정도로 신뢰받지 못하는 걸까?

019

대장은 남편일까 아내일까?

명함을 만들 때 집에 피해를 줄 수 있으니 집 주소와 전화번호를 넣지 말라는 남편 말에 충격을 받았다는 사연.

집 주소도 마음대로 쓰지 못하다니…….

그 주부가 다시 사연을 보내왔다.

"친구들에게 이야기했더니 모두 놀라서 말을 잇지 못하더군요. 남편에게 그렇게 신용이 없냐면서. 저 역시 화가 났지만 거역하지 못하는 성격이라 남편에게 아무 대꾸도 못했습니다. 이 사연 읽고 호된 의견 보내주시리라 생각합니다."

나 역시 그런 의견을 기대했지만 남편의 발언을 노여워하는 의견은 없었다. 이럴 수가! 다들 이런 일을 당해도 태연히 넘길 수 있단 말인가?

예전에 한 토론회에 갔을 때 일인데, "아내에겐 중요한 일에 대한 결정권을 주지 않습니다. 오이나 가지를 고르는 정도의 결정권이라면 몰라도" 하고 자신만만하게 말하는 남자가 있었다.

부인을 무시하지 말라고 쏘아붙였더니, 아내는 세상 물정을 잘 모른다고 태연히 대꾸하는 게 아닌가? 함께 있던 부인에게 물어보니 그냥 그러려니 하고 산다고 했다. 불끈 쥔 이 주먹을 어쩌란 말이냐고……

이 사연을 읽으며 느낀 위화감은 그때 상황과 비슷하다.

주부가 명함에 집 주소를 넣느냐 마느냐 하는 문제 역시 남편 판단에 맡길 만큼 중요한 일인 모양이다.

스스로 생각하고 판단한다는 어느 주부는 이렇게 말한다.

"임산부교실에서 서로 교류를 도모하자는 뜻으로 명함을 만들라고 해서 만들었어요. 저는 경계심이 강한 편이어서 집주소와 전화번호는 명함에 넣지 않았습니다. 처음 만나는 사람들이고 어떤 식으로든 악용될 수 있으니까요. 가르쳐달라고 하면 가르쳐주기는 해요. 저는 명함을 만들 때 이름, 휴대폰 번호, 메일 주소만 넣은 명함과 집 주소와 전화번호를 함께 넣은 명함, 이렇게 두 종류를 만들었어요. 그리고 어느 명함을 줄지는 제가 알아서 판단해요."(주부, 29세)

남편의 판단에 의지하는 사람은 스스로 책임질 수 없다는 생각이리라.

020

무직이라고 당당히 말하자

여자라서 이런 말을 듣느냐는 사연을 받았다.

"작년에 34년간 근무하던 직장을 그만뒀어요. 직업이 뭐냐는 질문에 무직이라고 대답하면 남자들은 대개 '아아, 주부시구나' 하고 말을 고쳐줍니다. 제가 '아니오, 직업이 없어요'라고 부정하면 '주부시잖아요' 하고 받아칩니다. 남자가 직장을 그만두면 무직으로 통용되는데 왜 여자는 무직이라고 하면 안 되냐고 소리라도 지르고 싶어요. 주부는 가정 내에서 여자를 부르는 호칭이고, 직업은 사회 조직에서 차지하는 개인의 지위를 말한다고 생각해요. 그러니 직장이 없으면 당연히 무직 아닌가요?"(55세)

지당한 말씀이다. 주부는 단지 개인적인 입장일 뿐이지 직업이 아니라는 말에 찬성한다.

직장에 다니지 않는 주부는 사회에서 보면 틀림없는 무직 여성이다. 하지만 당사자에게는 그 인식이 부족한 것 같다.

나도 전업주부였을 때는 내가 무직이라고 생각해본 적이 없었다. 어느 설문조사에서 사회인, 학생, 무직(주부 포함)이라는 분류를 보고 내가 무직에 해당된다는 사실을 처음으로 알았으니까.

그나저나 스스로를 무직이라고 주장하는 여성까지 왜 굳이 주부로 부르고 싶어하는지 모르겠다. 주부라면 왠지 푸근한 느낌이 들어서 일까?

주부란 가정을 꾸리는 사람이다. 주부라는 말에는 왠지 모를 안정감과 신뢰감이 느껴진다. 참을성 있고 헌신적일 거라는 이미지 말이다.

그렇게 생각하면 주부란 이득이 많은 말 아닌가? 주부임을 내세워 이미지 홍보를 하는 연예인도 많다.

하지만 주부랍시고 텔레비전에 나오지만 사실 이들은 무직이 아니다. 엄연히 탤런트라는 직업을 가진 주부다.

그래서 나는 생각했다. 주부를 한데 묶어서 부르니까 혼란이 생기는 거다.

주부도 세분화해서 부르자.
일하는 주부는 유직주부.
일하고 싶은 주부는 구직주부.
퇴직한 사람은 유한주부.
전업주부는 무직주부로 부르는 게 더 어울리지 않을까?

싸잡아 말하지 마시길…
우린 서로 다르다고요~

PART 2

이대로는 안 된다!

쇠붙이와 남편은 뜨거울 때 두드려라

남편 길들이는 방법에 관해.

"저희 집에서는 남편이 차를 끓여요. 이렇게 되기까지 13년이 걸렸죠."(위탁업, 37세)

쇠는 뜨거울 때 두드리지 않으면 낭패 보기 십상이다.

"신혼 때는 남편에게 애교를 부려서 집안일을 거들게 했어요. 지금 생각해보면 그게 다 남편 길들이기였던 거 같아요. 자기 시간을 가지려면 남편을 이용합시다!"(치과위생사, 38세)

짝짝짝. 세 살 버릇 여든 간다.

예전에는 결혼을 앞둔 후배(남자)에게 선배들이 아내를 휘어잡고 살려면 초장에 눌러놓아야 한다고 아내 길들이는 방법을 가르쳤다. 그러던 것이 여자들 사이에 이런 대화가 오가다니…….

제행무상, 세월 참 많이도 변했다.

남자는 바깥일 여자는 집안일이던 시대에 자란 남자들만 딱하게 되었다. 하지만 어려서부터 남자아이에게도 집안일을 가르쳐놓으면 문제될 게 없다.

그러니 지금 한창 아이를 키우는 분은 여자니까 이래야 하고 남자니까 저래야 한다고 강요하지 말기 바란다. 그렇지 않으면 훗날 여러분의 자녀들만 고생한다.

그런데 아래 전업주부(31세)의 이야기에는 적잖이 놀랐다.

"아이들 데리고 놀이터에 나오는 한 친한 주부는 아침마다 남편 출근 시중을 든다고 해요. 그걸 당연하다는 듯 자랑 삼아 이야기 하는 거예요. 더 놀라운 건 그 자리에 함께 있던 주부 5명 중 그런 주부가 2명이나 된다는 사실이에요. 아이가 자라서 놀이터에 따라갈 필요가 없어진 지금도 매일같이 점심식사다 쇼핑이다 어울려 다녀요. 싫증도 나고 해서 하루 거르겠다고 하면 다들 난리를 치는 통에 모임에 빠질 수도 없어요. 이렇게 노는 게 일이니 붙어 서서 양말 정도는 챙겨줘야 밖에서 일하는 남편에게 덜 미안하다고 여기는 모양입니다."

세상에…….

이런 엄마를 보고 자라는 아이가 걱정이다.

한데 남편 출근 시중을 드는 게 한가한 생활을 누리는 데 대한 속죄였다니 놀라울 따름이다.

빼곡히 들어찬 스케줄

022

엄마는 보호자가 아니란 말인가?

매일 아침 출근하는 남편 곁에서 양복에 양말까지 자랑스레 챙겨주는 아내들. 하지만 이 이야기를 듣고 놀란 사람이 나 혼자라는 사실에 또 한번 충격.

어쩌면 전업주부에게는 당연한 이야기인가?

남편 양말까지 신겨주거나 목욕할 때 등을 밀어주는 등 실상은 더할지도 모를 일이다. 눈앞이 캄캄하다.

그런 사람들이 있어서 용인되는 일로 보이는 문제가 하나 있다.

'보호자명 기입란'에 부모 중 누구 이름을 쓰느냐다.

이런 사연이 도착했다.

"예방접종을 하려고 병원에 아이를 데리고 가면 진료표를 작성하게 됩니다. 보호자 이름을 쓰는 칸이 있어서 제 이름을 적었어요. 엄마가 데리고 왔으면서 아빠 이름을 적는 주위 사람들을 보고 이상하다 싶었어요. 유치원에서 오는 우편물도 그래요. 봉투에는 남편과 아이 이름만 적혀 있어요. 아이를 유치원에 데려가고 데려오고 도시락을 싸주는 사람은 저예요. 하지만 사회에서는 소득이 있는 남편을 보호자 대표로 여기는 모양입니다. 저란 존재가 무시당하는 것 같아 맥이 빠져요. 어제부터 딸을 음악학원에 보냈어요. 이번 달부터 시작한 제빵교실 수입으로 매달 아이 학원비 7만 원을 낼 예정인데도 정작 보호자명 기입란에는

왜 다도에서 사용하는 찻잔은 남자 게 더 크지? 부부찻잔은 크기가 같은데…

남편 이름을 쓰라더군요. 납득이 안 가요."(32세)

동감이다. 엄마도 아빠와 마찬가지로 보호자다. '부형회'란 말은 사어가 되고 '부모 모임'에서 이제는 '보호자 모임'으로 바뀌는 시대다.

이것은 진보다. 하지만 알맹이는 그대로다. 여전히 보호자는 아빠라는 생각이 상식으로 통한다.

생활기록부 보호자명란에 남자들 이름만 적힌 것도 보기 썩좋지 않다. 간혹 보호자가 여자로 되어 있으면 문제 가정으로 간주되어 엄마들 사이에서 이상한 소문이 떠돈다.

그런 것이나 체크하려고 보호자명 기입란이 있단 말인가?

혹시 여러분은 보호자 이름을 적는 란에 남편 이름을 쓰면서 머뭇거린 적 없나요?

023

사람 위에 사람 없고, 남편 밑에 아내 없다

보호자명 기입란 문제를 두고 독자들의 의견이 빗발쳤다.

억울하다는 사람, 그럴 수도 있잖느냐는 사람, 항의하는 사람 등 각양각색이었는데, 크게 나누면 네 종류. 보호자명란에 기입하는 이름은 '자신' '남편' '반반' 그리고 '둘 다'였다.

의외로 비율은 별 차이가 없었다. '반반'파의 경우는 자녀의 건강 상태를 잘 아는 사람은 엄마라는 이유로 예방접종 진단표 같은 데나 자신이 참가하는 행사라는 이유로 보호자 모임 때 자신의 이름을 기입한다는 것이다. 논리 정연한 상황 판단이다.

개중에는 프린트물 같은 데는 자기 이름을 적고 번듯한(?) 서류에는 남편 이름을 적는다는 사람도 있었다.

그런데 '남편'파를 무시할 수 없는 이유가 있었다.

"보호자명란에 남편 이름만 적는 걸 좋게 생각하지는 않습니다. 헌데 아이의 학교, 유치원에 관한 일이나 예방접종 같은 건강 관리는 제가 챙기지만 보호자 이름까지 엄마 이름을 쓰면 아이에 대한 책임이 전부 저에게 돌아오는 것 같아요. 보호자를 남편 이름으로 하면 남편에게도 책임이 있다는 것을 주지시킬 수 있어요. 남편 역시 보호자명란에 아내 이름만 올라 있으면 소외감을 느낄 수 있다고 생각해요(저희 집은 어떨지 모르겠지만)."(주부, 34세)

여러분의 생각은 어떤가? 이 경우는 책임 분담형이라고 표현하면 좋을지 모르겠다?

다음으로 '둘 다' 파는 "유치원이나 학교 입학 서류를 작성할 때 제 이름이 들어가는 곳은 가족 구성원란 한 군데뿐이어서 속상했어요. 그때 이후로 서류에는 남편과 제 이름을 다 씁니다" "설이나 추석 선물을 보낼 때도 두 사람 이름으로 보냅니다"라는 의견이었다.

그런데 반반파의 말에 따르면 두 사람 이름을 기입하기에는 칸이 너무 작다고 한다. 실제로 부부 이름을 나란히 적었을 때 문제가 생기기도 한다. 보호자명란에 아버지와 어머니 이름을 적었더니 학교에서 어머니 이름은 빼달라고 서류를 돌려보낸 것이다. 여러 명이 이런 일을 당했다고 한다.

선생이 자신이 보는 앞에서 엄마 이름을 지워버린 경우도 있었다. 여선생이었기 때문에 충격이 더 컸단다.

선생이 보기에는 대수롭지 않은 일이란 말인가?

하늘은 사람 위에 사람을 만들지 않고 남편 밑에 아내를 만들지 않는다고요?!

69

024

남편은 왕 아내는 시녀?

보호자명 기입란에 누구 이름을 적느냐는 문제에 관해.

여러분이 보내준 의견은 '자신' '남편' '반반' '둘 다'로 갈리었다(가볍게 복습). 사연을 보낸 사람에게는 고민거리겠지만, 관습이라는 이유로 세대주라는 이유로 보호자명 기입란에 남편 이름을 적는 몰지각한 주부가 대다수인 게 현실이다.

그런데 아내가 함부로 자기 이름을 쓰는 데 대해 남편들은 아무런 저항감이 없을까? 이웃에 사는 남성에게 물어보았다.

"아무렇지도 않은데요. 제가 보호자 대표라는 뜻 아니겠어요?"

보호자명 칸에 남편 이름을 올려서 책임감을 일깨우겠다는 '남편'파의 의도는 당사자인 남편에게 제대로 전달되지 않았을 가능성도 얼마든지 있다는 말이다.

그렇다면 책임 분담 효과를 기대하기란 어렵지 않을까?

출발점으로 돌아가자.

이 생각 저 생각 하던 참에 다음 사연을 발견했다.

"학교에서 보호자(남편) 앞으로 보낸 우편물(아이 성적표)을 뜯어보았어요. 저녁에 퇴근하고 돌아온 남편이 왜 자기 우편물을 함부로 뜯어보냐고 해서 한바탕 싸웠지 뭐예요. 제가 잘못한 걸까요?"

정신이 번쩍 드는 이야기다.

화를 낸 남편에게 박수를 보낸다. 뒷치다꺼리는 엄마가 다 하는데 유치원에서 보호자 앞으로 보낸 우편물에 아빠 이름만 적혀 있으면 속상할 수도 있다. 자기 존재를 부정당한 것 같은 주부의 심정은 열 번 이해가 간다. 그렇다고 해서 남편 앞으로 온 편지를 함부로 뜯어서 읽는 행동은 옳지 못하다. 앞으로는 보호자(남편) 앞으로 온 편지는 반드시 수취인 본인이 뜯어보게 하자.

자녀의 일기, 연애편지,
서랍 속은
함부로 뒤지면 안 돼요

보호자 기입란에 누구 이름을 적느냐가 아니라 보호자 앞으로 온 편지를 누가 개봉하느냐가 문제 해결의 돌파구다. 남편이라는 보스 밑에서 일상의 온갖 귀찮은 일들은 아내 차지인 셈이다.

이러한 가정 구도는 학부모 활동에도 만연하고 있는 것 같다.

자녀들이 다니는 학교의 학부모회에서도 회장만 남자고 위원은 전부 여자 아닌가요?

71

025

아내는 어머니가 아니다

　보호자(남편) 앞으로 온 편지는 꼭 본인이 열게 하자는 이야기의 속편이다.

　수취인이 보호자로 되어 있는 편지뿐만이 아니다.

　다이렉트 메일의 경우에도 남편 앞으로 온 우편물은 절대 뜯어보아서는 안 된다. 꼭 명심하자. 그러면 귀찮은 우편물 처리도 훨씬 수월해진다.

　요령 하나. 남편 서류함을 만들어서 우편물을 따로 모아둔다.

　남편 앞으로 온 우편물이 아무리 산더미처럼 쌓여도 절대 도와주면 안 된다.

　짓궂다고 여길지 모르지만 집에만 오면 아이로 돌변해 아내를 어머니로 아는 남편에게는 좋은 약이 된다.

　편지에 대한 책임 소재가 확실해졌으니 이번에는 편지 보낼 때의 유의 사항으로 넘어가자.

결혼 후에 친지들에게 보내는 연하장에 남편 이름만 적는 주부들이 많지 않을까 싶다.

지인들에다 양가 친척까지 보태면 꽤 많은 양이 되리라.

앞으로는 친척들에게 보내는 연하장만이라도 자기 친척에게는 자기가 보낼 테니 남편 친척은 남편이 챙기라고 해보자.

"내 친척도 당신 친척이니까 하는 김에 같이 보내"라고 하면 "그럼 내 친척도 당신 친척이라는 말이니까 당신 하는 김에 내 몫도 같이 보내주면 안 돼요? 나도 귀찮아. 얼굴도 모르는 사람이고" 하고 지지 않고 억지를 부려 보는 건 어떨까?

설령 남편이 시댁 친척들에게 연하장을 보내지 않더라도 그걸로 끝이다.

그 일로 시어머니가 한 소리 하더라도 "그건 제 담당이 아닌데요"라고 야멸차게 말하면 다음부터는 마지못해 남편이 쓰지 않을까?

026

부부, 한 지붕 딴 가족?!

아내와 남편은 한 지붕 아래 살며 한 이불을 덮지만 그 거리는 지구와 화성만큼이나 멀다.

솔직히 지금까지 남편에게 직장을 다니겠다거나 어떤 일을 하고 싶다는 심경을 털어놓을 기회가 있었는가?

주부들이 보내온 사연을 읽다보면 부부 간의 대화가 원활하지 않다는 인상을 받는다.

다음 사연도 전형적인 케이스다.

"아이가 제 앞가림을 할 만한 나이가 되고 해서 직장에 다니겠다고 남편에게 의논했더니 일언지하에 반대하는 겁니다. 저도 일을 하고 싶다고 했더니 머지않아 전근하게 될 거라고 말하지 뭐예요."(33세)

우리 집도 마찬가지라고 생각하는 분도 적지 않을 듯한데.

이 장면을 재현해보았더니 고작 20초로 상황 종결.

이의 제기 즉시 기각되고 마는 이런 부부 간의 대화는 의논이라고 할 수도 없다.

일단 지금까지 지상 전쟁을 읽으면서 이론 무장(아이를 탁아 시설에 맡기는 것에 대한 찬반 다툼 등)은 되었을 테니, 이번에는 남편과의 대화에 포커스를 맞추어 보자.

아내가 직장을 다니는 데 남편이 찬성했다고 해서 안심하기는 이르다.

대화 부족은 이런 무서운 결말을 낳기도 한다.

"직장에 다니겠다고 했더니 남편이 알아서 하라고 흔쾌히 말해 주어서 감동했어요"라고 말하던 아내(40세)는 일을 시작한 뒤에야 알아서 하라는 남편 말이 무슨 뜻인지 알게 되었다고 한다.

"제가 직장을 다니든 말든 남편 생활은 하나도 변한 게 없어요. 청소, 세탁, 식사 준비, 설거지는 여전히 제 몫이고 남편은 손도 까딱 안 해요"라는 것.

남편은 당신의 고민을 진지하게 들어주는가?

들어준다면 몇 분, 아니 몇 초나 될까?

대부분의 남편은 아내가 그런 생각을 하고 있는 줄 몰랐다고 핑계를 댈 게 뻔하다.

027

남편에게 속내를 털어놓을 수 있나요?

평소 남편과 얼마나 자주 대화하냐는 질문에 자기 자랑들을 늘어놓을 줄 알았더니 결과는 참혹했다.

"남편은 가정에나 저에게나 전혀 관심이 없어요. 제가 일하든 놀러 다니든 신경도 쓰지 않아요. 집안일도 거들지 않고 장보는 데 따라나서는 일도 없어요. 바쁘다느니 고단하다느니 온갖 핑계를 다 댑니다. 중요한 이야기가 있다고 해도 거들떠보지도 않아요. 상의를 해도 의견이 맞지 않으면 귀찮다는 듯이 알아서 하라거나 싫으면 헤어지자는 식으로 이야기를 끝내버리곤 하죠. 대화 자체가 불가능합니다! 돈이다 자동차다 아이 (아직 없음) 문제다 의논해야 할 일이 산더미 같은데도 말이죠."(주부, 31세)

내 참, 이 두 사람은 왜 결혼했을까요?

다음은 자영업을 하는 남편 일을 거들고 있는 아내의 사연이다.

"우리 부부가 나누는 대화는 거의 일 이야기입니다. 마주보고 대화하는 것보다 휴대폰으로 용건만 전하는 일이 더 많아요. 집안일에 대해 상의해도 어차피 싸움으로 이어지니까 아예 처음부터 말을 꺼내지 않는답니다. 자식 때문에라도 의좋게 지내자고 마음을 다잡고 노력하고 있어요. 이따금 이런 생각을 하며 여느 부부 행세를 하며 살아요."(39세)

자식이 독립하면 이 부부는 어떻게 될까? 주부들 말만 들어서는 안 될 것 같아서 동네 아저씨(결혼한 지 25년)에게 물어보았다.

"30분이건 1시간이건 집사람 이야기를 들어준답니다."

훌륭한 남편이라고 감탄했더니 대화 내용은 주로 학부모회 활동과 자녀들 이야기라는 것이다. 아내의 고민에 관해 물었더니 "우리 집사람은 강한 사람이어서 고민은 혼자 해결할 걸요. 들어본 적이 없어요"라는 대답이다. 아내가 남편에게 속내를 털어놓는 걸 오랫동안 포기한 결과가 아닐까?

반면 대화를 포기하지 않는 주부도 있었다.

"3년에 한번쯤 제가 직장을 갖는 문제가 화제에 오릅니다. 전 일을 하고 싶어요. 한데 남편 허가 없이는 일도 마음대로 못하다니 정말 속상해요."(44세)

그렇게 여유를 부리고 있어도 될까? 앞으로 두 번만 왔다갔다하면 쉰인데…….

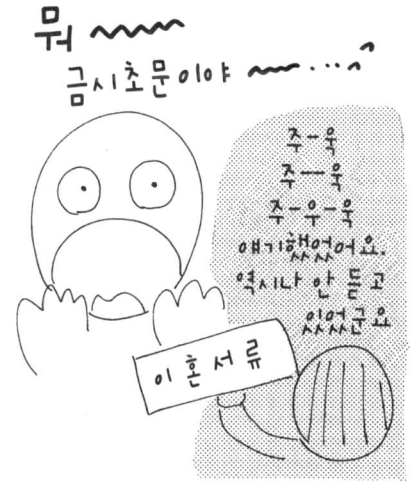

뭐 ~~~~
금시초문이야 ~~~~……

주~욱
주~~욱
주~우~욱
얘기했어요.
역시나 안 듣고
있었군요

이혼서류

028

살림하는 엄마는 집에서 논다?

주부 명의로 신용카드를 발급해주지 않는 건 전업주부에 대한
차별이 아니라 단지 카드회사 편의 때문이라고 너그럽게 받아들이
는 분도 있다. 어엿한 어른이 미성년자, 즉 반쪽짜리 사람 취급당
한다는 사실에도 태연하다.

더구나 전업주부를 남편 보호가 필요한 사람으로 여기는 건 피
해망상 아니냐고 도리어 공격당하고 말았다. 남편 명의로 된 카드
를 가족카드로 쓰면 되지 않느냐, 어차피 남편 통장으로 결제되는
거 아니냐는 의견도 있었다.

자유로이 카드를 쓸 수 있으면 괜찮지만 사용할 때마다 남편에
게 일일이 허락을 받아야 한다면 어떨까?

한심한 노릇이다.

그건 그렇고 반쪽짜리 사람 혹은 남편의 피보호자라는 생각을
피해망상이라고 단언하는 자신감은 어디에서 온 걸까?

가족들이 주부의 가사 노동을 감사히 여길 거라는 자신감일까?

그렇다면 그 자신감의 근거를 반드시 확인하기 바란다.

어떤 결론을 얻을지 내 일은 아니지만 스릴 넘친다.

전업주부일 적에 아이에게 이렇게 물어본 적이 있다.

"엄마는 집에서 온종일 일하지, 그지?"

"엄마가 무슨 일을 한다고 그래? 맨날 집에서 낮잠만 자면서."

엉터리긴 해도 명색이 살림하는 주부로서 열 받지 않을 수 없었다. 이 일이 있은 뒤로 일부러 가족들이 보는 앞에서 청소며 빨래하는 모습을 연출했다. 거실 한복판에 세탁물을 수북이 쌓아놓고한숨을 쉬거나 아이가 방에 있을 때를 노려 방청소를 했다. 특히일요일은 아침부터 밤까지 창문을 닦거나 화장실 청소를 하는 등 설치고다녔다.

그런데도 "고생이 많네, 고마워" "도와줄까?" 같은 말을 해주는 식구는 아무도 없었다. 오히려 "우리 없을 때 해"라니……

우리 집에서 가사 노동은 감사는 고사하고 당연히 내 몫으로 떠넘겨진다. 게다가 눈앞에서 하면 성가시다나 뭐라나.

029

엄마의 욕심이 부른 입시의 비극

수험생을 둔 집안은 신경이 바짝 곤두선다.

그 중에서도 중학교 입학 수험생을 둔 엄마는 증세가 더 심하다 (일본의 몇몇 명문 사립 중학교는 진학시험을 친다. 일단 합격만 하면 같은 사학재단에서 운영하는 명문고와 명문대학 입학 특전이 주어지는 까닭에 입시 경쟁이 치열하다─옮긴이). 특히 겨울철 시험 날짜가 가까워지면 방심하다 회사에서 감기를 옮아온 아버지는 세균 취급당하기 일쑤다. 시험 보는 아이한테 옮기면 큰일이라고 나을 때까지 거실에도 못 나오고 안방에 격리당하는 신세다. 친척들이 모이는 설에도 수험생이 있다는 핑계로 빠진다.

어느 추운 겨울 밤, 입시학원 앞을 지나는데 자녀들을 데리러 온 자가용차들로 교통 혼잡이 빚어지고 있었다. 남편이 일하느라 밤늦게 들어오면 "늦었네요. 근데 정말 일하다가 늦은 거 맞아요?" 하고 냉랭하게 대해도, 자식이 학원에서 늦으면 "공부하느라 힘들지, 배

안 고파?" 하고 황송해하며 반긴다. 대체 누구를 위한 공부일까?

이제 입시는 단순한 입학 시험이 아니다. 사실은 나도 경험이 있다. 아이를 시험을 치르는 중학교에 보내려 한 이유는 명문 중학교에 입학하면 연일 보도되는 교내 폭력에서 안전할 거라 생각해서였다. 게다가 명문 중학교에 들어가면 재단에서 운영하는 명문고, 명문대에 무시험으로 들어갈 수도 있다. 시험공부에 얽매이지 않고 청춘을 구가했으면 하는 부모 마음.

하지만 막상 입시전선에 끼고 보니 초심은 온데간데 없이 사라지고, 열병에 걸린 것처럼 욕심만 커져서 분에 넘치는 학교를 목표로 아이를 들볶았다. 순악질 엄마처럼. 지금 와서 냉정히 분석해보면, 자식을 통해 남보다 잘난 구석 하나쯤 만들고 싶었던 게 원인이었다. 아무리 부엌 바닥을 개미가 미끄러지게 쓸고 닦아도 아무리 주름 하나 없이 다림질을 해도 칭찬해주는 사람 하나 없다.

그러나 자식이 명문 중학교에 합격이라도 하는 날에는 세상 사람들의 칭찬을 한 몸에 받을 수 있다. 자식을 통해 자신의 가치를 확인하고, 나아가 세상의 평가를 업그레이드해서 엄마들 세계에서 스타가 될 수 있는 기회. 아이가 시험에 떨어지고서야 내가 자식을 통해 허황된 욕망을 좇았음을 깨달았다. 하염없이 눈물짓는 사람은 수험생이 아니라 바로 엄마다.

자식을 위한 눈물이 아닌…….

H 라는 건 수소를 말하는 거잖아!!

이 무식한 녀석

030

요리다 꽃꽂이다 부질없는 시도

엄마의 노력과 아이의 성적은 비례하지 않는다. 절에 불공을 올리고 조상의 묘까지 찾아가서 매달리고 축원을 드렸다.

그러나 생전에 보통 사람이던 조상이 죽어서 학교에다 연줄을 대줄 리 만무하다.

자식의 입시를 통해 얻으려던 사회적 평가는 그렇게 헛수고로 끝이 났다.

내가 부탁하지도 않았는데 좋은 교육 환경을 만들어주셨던 부모님은 자주 이런 말씀을 하셨다. "말을 물가로 끌고 갈 수는 있어도 억지로 물을 먹일 수는 없다."

그렇다. 인과응보다.

무언가 얻고자 한다면 스스로 노력하는 수밖에 없다. 그 당연한 이치를 이제야 깨닫다니.

사람마다 성취감을 느끼는 일은 다르다. 가족에 대한 헌신, 승

진, 취미 생활, 집 장만, 요리, 경력, 건강한 삶, 경제적 여유, 삶의
즐거움…….

그렇다면 내가 추구하는 성취감은 무엇일까?

우선 되는 대로 주부교실과 자원 봉사 활동에 매진해보았다.

그 무렵 꽃꽂이교실이나 요리교실에 함께 다니던 사람들이 하나
둘 자격증을 따서 학원을 차렸다.

남을 가르치는 데 소질이 없던 나는 속수무책으로 바라볼 수밖
에 없었다. 교습비를 내던 수강생에서 교습비를 받는 강사로 변해
가는 모습을 보면서 나는 조바심이 났다.

그러다가 깨달았다.

내가 추구하는 성취감은 내 힘으로 돈을 버는 데 있다는 것을.
그렇다면 내가 가야할 길은 취업이다.

신문이나 광고 전단지까지 미친
듯이 뒤졌지만 나이 서른다섯에 실
무 경험도 없고 특기라고는 낮잠밖
에 없던 나를 누가 기다렸다는 듯이
뽑아주겠는가?

다급한 마음에 여성주간지에
실린 주부 내레이터모델이나 온
천여관 여종업원 모집 광고까
지 속속들이 읽었었다.

여러분은 어떤 성취감
을 추구하고 있나요?

어때,
내가 최고지!!

031

일하는 여성이 열 배는 더 눈부셨다

할 일 없는 아줌마들이 모여서 잡담이나 늘어놓는 것처럼 보이는 이 칼럼. 사실은 일관된 주제가 있다.

폼 나게 말하면 여성의 정체성. 요컨대 여성이 스스로 결정할 수 있는 삶을 쟁취하자는 것이다.

그러려면 가장 필요한 것이 경제적 자립이다.

벌어다 주는 돈에 의지해 살면서 어떻게 하고 싶은 말이나 하고 싶은 일을 주장할 수 있겠는가?

나 역시 결혼과 동시에 아버지의 보호 속에서 사회 경험도 없이 남편 보호 속으로 슬라이딩한 쓰라린 과거가 있다.

어리석게도 아무 생각이 없었던 거다.

서른다섯이나 먹고서야 내 인생에 대해 결정권이 없다는 사실을 깨달았으니 나도 참 둔한 여자다. 그래도 부디 비웃지 말아주었으면 좋겠다. 여성의 목표는 결혼이고 스물다섯을 넘기면 폐품 취급당하던 시대였으니 말이다. 지금이라면 웃기지 말라며 밥상이라도 뒤엎었겠지만…….

그래서 일하는 여성이 열 배는 더 멋져 보였다.

얼마 전, 함께 일했던 세 여성이 결혼과 함께 직장을 그만둔다고 선언했다.

어찌된 셈인지 모두 스물아홉이었다. 이대로 직장을 다닌들 장래가 뻔하다고 입을 모아 말했다. 그들의 직업은 라이터, 플래너, 디렉터였다. 동경

노처녀 보고 '해넘이 국수'라니…. 왜 사람들은 여자를 음식에 비유해야 직성이 풀리는 걸까?

해 마지않던 영어로 된 직업 아닌가! 박카스를 들이켜며 밤샘 작업도 끄떡없이 해치울 것 같은 이런 직업을 얼마나 부러워했던가?

그런데 그만둔다니. 장래가 뻔하다는 건 또 무슨 소린가?

정말 아깝다, 아까워!

통계에 따르면 전문대를 졸업하고 취직한 여성이 출산과 육아를 위해 휴직했다가 재취직하는 경우, 직장을 계속 다녔을 때 비해 약 6천 3백만 엔(8억 원 좀 안 되는 금액이다—옮긴이)의 소득이 준다고 한다.

이 숫자를 남편 될 사람에게 들이대면 어떤 반응을 보일까? 미용사, 간호사, 교사, 보육사 같은 자격증이 있으면 좋은 조건으로 재취직도 가능하지만.

032

직장, 다닐까 말까?

정말 고민스럽다.

세 여성이 결혼 후 일을 그만둔다니.

결혼하는 건 좋은데 왜 직장까지 그만두려는 거냐고 축하의 말
도 잊은 채 버럭 화를 내고 말았다.

전문대를 졸업한 여성이 출산과 육아를 위해 퇴직한 후 정사원
으로 재취직한 경우, 직장을 계속 다녔을 때에 비해 소득이 6천 3
백만 엔이나 준다고 금액까지 말해주어도 워낙 큰 액수라 감이 안
오는 모양이다. 5개들이 티슈 값이나 10개들이 달걀 값에는 민감
하게 반응하더니…… 설득은 실패였다.

직장을 그만두는 이유는 한결같았다. "장래가 뻔하다."

무슨 의미냐고 물었더니 아무리 오래 근무해도 여자에게는 책임
자 자리를 주지 않는다는 등 직장에 여자 상사가 없어서 승진 가망
성이 없다는 등 일도 못하는 남자 후배가 남자라는 이유만으로 먼

저 승진하는 걸 보고 충격을 받았다는
둥 이유를 댄다.

기분 나쁜 것은 알겠다. 이해가
안 되는 건 아니지만 수긍할 수 없
다. 지금 그만두면 영원히 책임자가
될 수도 없고, 여자 상사의 선례도
만들어지지 않을 거라고 설득해보
았다. 하지만 주부로 편하게 살아보
고 싶다며 굳은 결의를 보인다.

……. 도대체 무슨 말을 하는 건
가? 주부만큼 단순 노동에 고단한
생활도 없다. 하지만 겪어보지 않으
면 깨닫지 못하는 법이다.

더구나 모두 스물아홉. 서른을 넘기면 결혼이 어렵다고 힘주어
말한다. 그렇다면 마흔을 훌쩍 넘긴 나 같은 사람은 관 뚜껑 열고
한 발 들여놓은 상태나 마찬가지다. 화가 나서 여고생들 사이에서
는 열아홉도 아줌마인데, 스물아홉은 요괴 아니냐고 쏘아붙였다.

나를 포함한 여자들은 대개 5년 앞까지밖에 생각지 못한다. 80
년을 살아야 하는 인생인데 계획도 없이 산다. 그러니 가정주부로
살림만 하다가 자녀가 다 크고 나면 자기 정체성을 찾겠다고 허둥
지둥 나서게 되는 것이다.

자신의 미래상을 정해놓고 시간을 거꾸로 계산해서 인생을 설계
할 줄 아는 여성이 있다면 만나보고 싶다.

033

결혼이라는 도피처가 있어서
여자는 강하다?!

결혼 후에 일을 그만둔다는 스물아홉 여성들을 보면서 정말 안타까웠다. 10년 가까이 쌓은 경력이 물거품이 되고 만다. 이 이야기를 듣고 한 남성이 이렇게 말하는 거다.

"정말 결혼이 하고 싶은 건지 아니면 직장이 다니기 싫은 건지 모르겠어요. 본심은 직장을 그만두고 싶은 건데 그럴 듯한 구실이 필요해서 결혼을 선택한 게 아닌지 모르겠군요."

뭐라고? 그렇다면 나의 열변이 먹히지 않은 이유도 설명이 된다. 그러고는 "여자들은 참 좋겠어요. 마음만 먹으면 직장을 그만둘 수 있으니" 하고 한 마디 덧붙인다.

기가 막혀서……. 도리어 부럽다는 말까지 듣다니.

여성은 결혼이나 이혼을 통해 직업이나 인생을 리세트할 수 있다. 잡지 같은 데 흔히 나오는 이야기다. 이 과정에서 진가를 발휘하는 여성이 많을지도 모른다. 그렇다면 직장을 계속 다니라고 무리하게 설득한 내가 틀렸을지 모른다.

결혼을 이유로 직장을 그만두는 건 여자의 특권인 것이다!!

여성의 사회 참여에 대한 사회적인 반향이 뜨겁다. 여성 특유의 대담한 발상이나 번뜩이는 아이디어는 이 특권에서 연유한다.

일에서 엄청난 실패를 보아도 여성에게는 최악의 경우 결혼이라는 도피처가 있다. 그래서 앞뒤 안 가리고 상사에게 대들 수 있고, 죽을 각오로 도전해볼 수도 있는 것이다. 그래서 여자의 발상은 재미있다. 언제든 직장을 때려치울 수 있다는 여유가 있기에 편 가르기, 부조리, 음모가 소용돌이치는 사회에 대고 눈치 보지 않고 과감히 NO라고 말할 수 있는 것이다.

남자들은 그런 무모한 행동을 못한다. 여우 같은 마누라와 토끼 같은 자식까지 딸리면 아무리 치사해도 직장에 붙어 있어야 하는 게 숙명이므로. 어찌 보면 남자의 우유부단함은 그만큼 처세에 능하다는 증거다.

반면에 미혼 기혼을 가리지 않는 여성들의 과감한 발언은 돋보인다. 그 겁 모르는 결단력과 무모하기까지 한 용기의 배후에는 결혼과 가정이라는 도피처가 있다. 그러나 여성들이여, 부디 결혼이라는 이유나 평범한 주부로 돌아가겠다는 이유로 직장을 떠나지는 않길 바란다.

관세음보살 나무아미타불……

주) 부장 대신 국장이나 다른 간부로 바꿔넣을 수 있음

034

불륜도 자기 존재 증명?

여성의 자립에는 경제적, 사회적, 정신적인 여러 측면이 있다.

지금까지 여성이 직업을 통해 이룰 수 있는 경제적 자립을 중심으로 살펴보았다.

그런데 여성이 경제적으로 자립하면서 이혼에 이르는 예를 여럿 보았다. 경제력이 생긴 이상 가사나 육아에 무관심한 남편과 더 이상 살 이유가 없다.

"그래서 일하는 걸 반대했던 겁니다. 주제도 모르고 시건방을 떨까 봐." 이런 남편들의 탄식이 들려올 것만 같다. 하지만 집에서 살림만 하는 아내라고 해서 마음 놓을 수 있을까? 어림없는 소리다. 오만한 남편들에게 정신이 번쩍 들 만한 사연을 소개하겠다.

"직업이 카운슬러다보니 자녀를 둔 이삼십 대 주부들의 고민 상담을 자주합니다. 그 고민 중 하나가 바로 불륜입니다. 이들 모두 자신이 불륜을 저지르게 된 이유가 남편 때문이라고 말합니다. 다른 남자와 잠자리를 해도 자기는 나쁘지 않고, 일이다 뭐다 하며 귀가가 늦은 남편을 탓하죠. 연애할 때처럼 사랑하고 아껴주지 않는 남편. 아이 엄마로 전락해버린 자신. 자신도 누군가에게 기대고 싶다고, 자신은 대체 뭐냐고 하소연합니다. 그런 상황에서 자신을 여자로 대해주는 남자를 만나면 쉽게 빠져들게 되죠. 고민을 듣다보면 불륜도 자아발견의 방편이 아닌가 하는 생각이 듭니다."(39세)

나 역시 불륜에 빠진 주부들의 상담을 많이 받는다. 카운슬러는 자아발견으로 미화하지만 내 생각은 다르다. 불륜을 통해 그들이 얻고자 하는 게 무엇인지 도무지 이해가 되질 않는다.

다만 현재 상황에서 벗어나고 싶다는 욕구만 느껴진다.

한번은 불륜 여성들의 남편에게 지나가는 말로 물은 적이 있다.

"만약 부인이 바람을 피운다면 어쩌실 거죠?"

그들은 이구동성으로 "우리 집사람은 그런 주변머리도 없어요. 아줌마가 무슨, 하하하"라고 대답했다.

모르는 게 약이지.

이 글을 쓰다보니 속이 다 쓰리다.

불륜에 빠져드는 계기나 이유가 전부 남편 때문일까? 주부들이 불륜을 하면서 기대하는 것은 무엇일까?

035

때로 아내도 가슴 설레는 여자이고 싶다?!

바람 좀 피우면 어떤가? 이미 성인이다. 더구나 남녀가 평등한 사회다. 기존의 남성 사회에서는 바람 피우는 것도 능력으로 용인되었으니, 앞으로 불륜 한두 번쯤은 여자의 능력으로 평가될지도 모를 일이다.

하지만 불륜이라는 말이 아무렇지 않게 입에 오르내리는 것을 보면 불안하다. 〈실락원〉이나 〈메디슨카운티의 다리〉에서처럼 로맨틱한 부분만 부풀려져서 불륜이 마치 세기의 사랑인 양 착각하는 듯해서다. 원조교제라는 말이 매춘의 실상을 은폐한 것처럼 말이다.

왜 아내들은 불륜을 꿈꾸는가?

내 생각에는 남편의 책임이 적지 않다. 애인이던 여자는 결혼해서 아내가 되고 엄마가 된다. 세월이 흘러 애정은 바래지고 대신 안정과 신뢰가 쌓인다.

소위 행복한 가정으로 접어드는 것이다. 하지만 자녀 뒷바라지에서 놓여나면서 어느 순간 아내는 자신도 여자라는 사실을 깨닫는다.

달콤한 사랑의 말을 들은 지 오래다. 데이트라는 게 뭐였지? 망각 저편에서 아련하기만 하다. 텔레비전을

틀면 동시대 남녀들이 연속극 속에서 아찔한 연애를 하고 있다. 시사연예 프로그램에서는 매일같이 스캔들이 벌어진다.

그에 비해 내 생활은 어쩜 이렇게 따분할까? 이대로 늙어가기는 싫다. 이런 초조함에 사로잡혀 있을 때 남편 아닌 남자가 "사모님, 식사라도" 하고 유혹해오면 마음이 움직이게 되어 있다.

뭐 어때. 한껏 차려입고 나가는 거다! 포옹이나 키스 정도라면 허락할 수 있다. 오랜만에 느끼는 이성에 대한 설렘은 집에 와서도 잦아들지 않는다.

자신이 여전히 남자에게 매력적으로 어필한다는 사실을 확인하면 여자로서 프라이드를 유지할 수 있다. 그리고 남편에게 약간이라도 미안한 감정이 든다면 한동안(얼마 동안이란 말인가?) 좋은 아내 노릇을 할 수 있을 것이다.

아내의 심기가 편하면 남편과 자녀의 용돈도 올라간다. 이 정도의 불륜으로 가정의 평화가 유지된다면 자주 실천해보길 바란다.

문제는 이 선을 넘어서는 아내들이다.

036

불륜, 아무나 하는 게 아니다

아내도 바람 좀 피우면 어떠냐고 말한 주제에 키스까지라니, 앞뒤가 안 맞는다는 지적을 받았다. 그렇다면 구체적으로 설명하겠다.

내가 불륜을 인정하는 건 스스로 책임질 줄 아는 성인 여성에 한해서다. 요컨대 가정이 붕괴되고 집에서 쫓겨나도 제 몸 하나 건사할 수 있느냐는 것이다. 그러니까 남편이 벌어오는 돈으로 살림하는 사모님인 경우, 가슴 설레는 핑크빛 모험을 원하는 거라면 가정을 복구할 수 있는 선에서 발을 빼시길. 그래서 키스까지라고 제안했던 거다. 하지만 쇠귀에 경 읽기였나보다.

"불륜에 빠져든 지 3개월째예요. 남편과 잠자리를 하지 않게 된 지는 2년 반이 되고요. 처음에는 바람 피우는 여자들을 경멸했지만, 지금은 생각이 변했습니다. 이제 저에게는 그 남자가 정신적 지주입니다. 그이를 생각하고 있을 때만큼은 한 사람의 여자로 돌아갈 수 있거든요. 하루하루가 즐겁기만 합니다. 그러니 알지도 못하면서 이러쿵저러쿵 하는 말은 듣고 싶지 않아요. 연애를 한 뒤로 남편이나 자식에게도 더 잘하게 되었어요."(전업주부, 32세)

전형적인 사연이다. 어딘지 모르게 자만심이 내비치는 것도 특징이다. 불륜 풍조가 만연하는 세태를 보면서 여자들이 불륜을 통해 얻으려는 게 무엇인지 알게 되었다. 부부 관계 없는 따분한 일상을 핑계로 단지 섹스를 하고 싶은 것뿐이다. 자아발견이라고 핑계를 대고 연애 감정으로 정당화해서 말이다.

남편의 동창생이 휴대폰 번호를 물은 걸 가지고 상상의 날개를 펼치는 주부도 있었다.

"얼마나 가슴이 방망이질 치던지. 결혼한 지 14년 만에 이런 기분은 처음입니다. 남편이나 가정에 불만은 없어요. 하지만 다음번에 우연히 그 사람을 만나면 주체하지 못하고 끝까지 가게 될 것만 같아요."(38세)

푸하핫. 얼마나 웃었던지 옆구리가 다 아프다.

휴대폰 번호 한 번 물었다고 단번에 목표가 '끝까지' 라니. 할 일도 없는데 그 왕성한 상상력으로 가정이 아수라장이 되는 장면까지 떠올려보면 어떨까?

주부들이여! 불륜에 뛰어들려면 각오부터 단단히 하시길!

헤어날 수 없는 남편의 폭력

상담을 원하는 다양한 사연이 도착한다.

바람 피우는 건 그렇다 치더라도, 도저히 그냥 지나칠 수 없는 것이 바로 가정 내 폭력, 이른바 남편과 애인이 휘두르는 폭력이다.

동거하던 여성을 굶겨 죽인 사건이 있었다. 가정 내 폭력의 극치라고 볼 수 있다. 한 텔레비전 프로그램에 출연한 어느 평론가는 왜 진작에 도움을 청하지 않았냐고, 왜 도망치지 않았냐고 다그쳤다. 나는 화면에 대고 누구에게도 말할 수 없고 도망칠 수도 없는 것이 바로 가정 내 폭력이라고 중얼거렸다.

최근 들어 가정 내 폭력 방지 법규가 마련되면서 비로소 가정 내 폭력을 범죄로 인식하게 되었다. 남편이 폭력을 휘둘러도 참고 살라고 배우고 자란 세대도 적지 않으리라.

실태를 몰랐을 때는 나 역시 '바보같이 왜 맞고만 있어? 부모 형제나 친구들에게 도움을 청하면 될 걸. 아니면 경찰에 신고를 하든

가. 왜 미련하게 참고만 있어?' 하고 생각했다.

하지만 실제로 친한 친구가 남편에게 맞고 산다는 사실을 알고 움츠러들었다. 너무나 행복해 보이는 가족이었다. 사회적으로 성공한 다정다감한 남편과 상냥한 아내, 씩씩한 아이들. 얼마 전에는 새 집도 장만했다.

그런데 어느 날 친구가 느닷없이 안경을 끼고 나타났다. 이미지 좀 바꿔보려고 그런다며 웃어 보였지만 사실은 남편에게 얻어맞지 않기 위한 방어책이었다. 그녀의 남편은 얼굴을 때린다고 했다.

"안경을 쓰고 있으면 때릴 때 손을 다칠까 봐 순간적으로 머뭇거리게 돼. 그 틈에 도망치는 거지."

이 작전은 남편이 자는 아내를 깨워 두들겨 패면서 효력을 상실하고 말았다. "왜 도망치지 않니? 성인이잖아. 두 발 버젓이 있는데 왜 그 모양이야" 하고 다그쳤다.

내가 주부는 무직이라고 깐죽거리게 된 건 이 일을 안 후부터다.

여러분은 왜 도망칠 수 없는지 혹시 그 이유를 아시나요?

한자로 인내라고 적고 주부라고 읽는다.

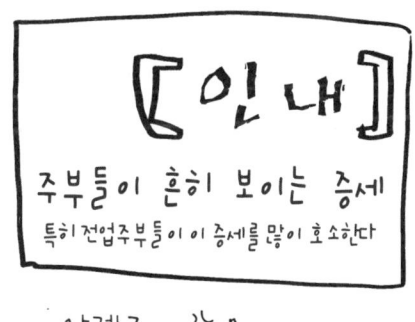

[인 내]
주부들이 흔히 보이는 증세
특히 전업주부들이 이 증세를 많이 호소한다

알겠죠~ 쫘

038

경제력이 다는 아니다

앞서 여성들이 가정 내 폭력에서 헤어나지 못하는 이유에 관해 물었다.

"경제력이 없기 때문에 도망치지 못하는 게 아닌가 싶어요. 전업주부라고 불리는 가사 노예는 아무것도 가진 게 없어요. 제 경험은 그래요. 저는 폭력을 휘두르는 남편 앞에서 망연자실하고 말았어요. 고막이 터지지 않게 귀마개로 막고 방어했죠. 남편은 내 마누라 내가 때리는 게 뭐가 나쁘냐고 내뱉었어요. 지금은 그나마 맞고 살진 않지만, 경제적 자립 없이는 정신적인 자립도 없다고 확신합니다."(사무직, 49세)

이 여성의 경우, 직장을 다니고부터 경제력이 생기면서 도망치지 않아도 저항할 수 있게 되었다.

그러나 경제력이 전부는 아니다.

"무직 주부, 폭력에서 헤어나지 못하는 아내. 마치 제 이야기를 하는 것 같군요. 결혼한 지 32년째입니다. 지금이 인생의 가장 큰 고비라고 느껴요. 취미 삼아서 제품 개발 일을 시작했어요. 벌어다 준 돈으로 살림하는 주제에 집안일을 소홀히 한다던 성화는 폭력으로 변해갔고, 이 무렵부터 재미로 시작한 상품 개발에 본격적으로 매달렸어요. 목숨을 부지하려면 경제적 독립부터 해야겠다고 생각했거든요. 하지만 사회는 녹록지 않고 돈벌이도 여의치 않았어요. 바깥일에 매달리다 보니 살림하는 시간은 줄어들고, 남편의 심기도 사나워졌습니다. 그렇다고 일을 안 하면 돈을 벌 수 있는 기회마저 사라지고……, 정말 악순환의 연속입니다. 언제까지 자신을 속이며 참고 견딜 수 있을지 모르겠어요. 제 인생의 남겨진 시간과의 투쟁입니다."(56세)

이 사람 혹시, 했더니 역시나 1년 전에 "55세, 벤처주부. 남편의 반대를 무릅쓰고 친구와 제품을 개발해 판매에 나섰어요. 매일같이 먹여주고 입혀주는 은혜도 모른다는 독재자 남편의 서슬 퍼런 배웅 인사를 받으며 집을 나서지만 새 삶을 개척하기 위해 청춘을 불태우고 있어요"라는 명랑한 사연을 보내왔던 주부였다.

어느 세월에
이 고생을 벗어나나…

남편의 폭언이 폭력으로 변하고 활력이 무력감으로 변하고 만 것이다.

누가 같은 사람이 쓴 글이라고 보겠는가?

039

가정 내 폭력 상담

가정 내 폭력에서 벗어나고자 한다면 경제력 없이도 보호시설이나 대피소를 이용할 수 있다. 하지만 대개 그 전에 누군가에게 의논을 한다.

그러나 그것이 생지옥의 시초가 될 줄이야!

"결혼 17년째. 아이 가르치는 데 뭐 그렇게 많은 돈이 필요하냐고, 자기한테 불만 있냐며 느닷없이 남편이 때리는 거예요. 시어머니는 한술 더 떠서 일 없이 놀고 먹는 주제에 맞아도 싸다면서 싫으면 돈 벌어 오라고 했습니다. 남편은 그런 어머니에게 고맙다며 자기는 괜찮다고 대답하더군요. 남편에게 맞았다고 친정어머니에게 하소연했더니 자식을 위해서라도 집을 나오면 안 된다며 경제력이 없으니 참는 수밖에 없답니다. 충격으로 드러누운 제게 친구는 원 없이 잠도 자고 얼마나 좋으냐며, 자기는 일에 치여 산다고 메일에다 넋두리를 늘어놓는 겁니다. 사람들은 막상 일이 터지면 참는 걸 당연하게 여깁니다. 주부를 옴짝달싹 못하게 얽어매는 건 다른 누구도 아닌, 같은 여성이 아닌가 싶어요."(전업주부, 40세)

가정 내 폭력에서 벗어나지 못하는 이유 중 하나는 주변 사람들에게 의논할 수 없다는 것이다. 특히 친지들인 경우, 괜히 털어놓았다가 참으라는 말이나 들을 게 뻔하다.

친구들은 맞을 만한 짓을 한 게 아니냐고 비난할지도 모른다.

그뿐이면 다행이지만 혹시라도 의논한 상대가 남편에게 아내를 때리지 말라고 훈계라도 하는 날에는 일이 더 커진다.

아내에게 손찌검한 사실을 들켜 자존심을 구긴 남편은 아내를 향해 분노를 쏟아 붓는다. 쓸데없는 말을 떠들고 다닌다는 이유로 폭력이 재현되는 것이다.

이렇게 되면 더 이상 도망칠 곳도 없다.

"공포를 경험하면 정신적으로 도망칠 수 없게 됩니다."(카운슬러)
처지를 털어놓은 주변 사람들에게서 거듭 자신을 부정당하면서 피해자의식은 무력감으로 변하고 만다. 이 단계에 이르면 탈출은 불가능하다.

친구나 동생이 가정 내 폭력을 호소할 경우 어떻게 조언해야 되느냐는 질문을 받았다.

솔직히 나도 어떻게 대답해야 좋을지 모르겠다.

맞고 사느니 차라리 때려라

파고 들다가 어퍼컷을 날리는 거다

040

못 살겠으면 헤어져!

가정 내 폭력을 호소하는 사연에 어떻게 조언할지 고민하던 중에 명쾌한 해답이 도착했다.

"저라면 헤어지라고 말하겠어요. 제 경우에는 친구와 부모님께 사정을 털어놓았더니 헤어지라고 하더군요. 아버지는 집으로 돌아오라고 하셨고 친구는 일찌감치 털고 나오는 게 상책이라더군요. 이혼할 때 필요할 것 같아서 남편에게 맞았을 때 진단서까지 끊어두었어요. 하지만 다들 이혼하라고 하니 맥이 탁 풀렸어요. 도망칠 게 아니라 맞서서 해결하자고 마음먹고 얼마간 경제력도 길렀답니다. 언제든 헤어질 수 있다고 생각하니 오히려 마음도 편해지고, 집안 분위기도 많이 나아졌어요."(사무직, 49세)

이야말로 결정적인 한 마디가 아닐까 싶다.

얻어맞고 산다느니 험한 꼴을 당했다느니 징징대는 사람에게는 그렇게 힘들면 헤어지라고 딱 잘라 말하자.

아무리 그래도 자식 문제도 있고 직장 구하기도 여의치 않다고 푸념을 늘어놓으면 "그럼 참든가"라고 대답하면 그만이다.

현재의 안정된 생활을 잃을까 봐 전전긍긍할 정도의 폭력이라면 알아서 참도록 내버려두자.

"경찰에 신고하는 건 좀 심한가요?"(무직, 23세)

가정 내 폭력은 틀림없는 범죄지만 무턱대고 법으로 해결하려 들 문제는 아니다. 결국 남편은 범죄자가 되어 사회적 신용을 잃고 만다. 경제적으로 남편에게 의지하는 상황이라면 결과적으로 자기 목을 죄는 일이다. 따라서 경찰에 신고하는 방법은 무기력이 극에 달해 생명까지 위협받는 상황이거나 이혼을 결심한 경우에만 유용하다고 본다.

경찰에 신고할 용기가 없다면 의사를 이용하는 것도 방법이다. 병원에서 타박상이나 상처 진단을 받으면서 의사를 통해 경찰에게 통보할 수 있다. 의사는 어떻게 생긴 상처인지 금방 분간한다. 먼저 말을 꺼내지 않아도 경찰을 부르겠냐고 물어볼 것이다.

가정 내 폭력을 하소연한다면 헤어지라고 말해주자.

PART 3

말하고 나면 편해진다!

041

아이를 맡기고 직장에 다니려면

직장에 다니고 싶어하는 사람에게서 상담을 청하는 편지를 받았다.

"5살배기 딸과 2살배기 아들이 있습니다. 막내 녀석이 웬만큼 자라서 이제 저를 위해서라도 일을 시작하려고 해요. 그런데 아이 생각은 안 하냐며 남편이 반대합니다. 내 생각도 좀 해달라고 했더니 저보다 아이들이 먼저랍니다. 남편이 반대하는 이유가 꼭 아이 때문은 아니라고 생각해요. 남편 직장의 경우 부인들이 대부분 전업주부입니다. 직장 다니는 아내를 둔 남성을 무능력하다고 여기는 분위기예요. 이런 남편을 어떻게 설득해야 할지……. 혹은 제가 직장에 다니면 안 되는 건지 제삼자의 의견을 듣고 싶어요."(주부, 27세)

대책 안 서는 남편이다.

아내를 집에만 고이 모셔놓고 '사모님'으로 삼고 싶은 걸까?

그런데 왜 그러면 안 되는지 퍼뜩 이유가 떠오르지 않았다. 힌트라도 얻을 셈으로 지금까지 받은 편지를 뒤져보았더니 이런 사연이 눈에 띄었다.

"아이를 탁아시설에 맡기고 직장에 다니고 싶은데 남편이 반대합니다. 말을 꺼낼 때마다 집에서 아이나 돌보라며 완강합니다. 여러 번 시도했지만 번번이 실패로 끝나고 말았어요. 보통 회사 다니는 남편들은 아이를 탁아시설에 맡기는 데 반대합니다. 혹시 어린이집이나 유치원에 다닌 아이들이 여러 면에서 우수하다는 통계는 없을까요?"(전업주부, 38세)

그녀는 아이가 11살이 된 지금도 여전히 고민에서 헤어나지 못하고 있는 모양이다. 더구나 작년에 둘째아이가 태어나서 앞으로 한동안은 집에 있어야 한단다. 연령을 생각하면 아이를 키워놓고 직장을 구하기가 쉽지 않을 것이다.

그래서 더 27세 주부의 고민에는 답을 해주고 싶었다.

만약 당신이 아이를 탁아시설에 맡기고 직장에 다니겠다고 하면 남편은 찬성할까 반대할까?

반대한다면 이유는 무엇일까?

아이를 맡기고 일하면 안 되는 이유를 구체적으로 말해봐!!

042

남편 체면이 먼저?

아이를 어린이집에 맡기고 일하고 싶은데 남편이 반대한다는 27세 주부의 고민에 대해 많은 격려와 조언의 사연이 도착했다.

그 중 절반 이상의 주부가 직장에 다니는 문제를 두고 남편의 반대에 부딪힌 경험이 있다고 털어놓았다.

영광스럽게도 1위에 빛난 반대 이유는 탁아시설에 맡기면 아이가 불쌍하다는 것이다.

그렇다면 불쌍한 이유를 구체적으로 대라고 해보는 건 어떨까? 심리적으로 불안한 엄마와 단둘이 있는 게 훨씬 불쌍하지 않느냐고, 아이 머리를 한 대 툭 갈기면서 말이다.

하지만 주부들이 추측하는 진짜 이유는 집안일이나 아이 돌보는 일을 거들 수밖에 없는 상황이 싫은 거다.

아이 때문이라는 건 핑계고 귀찮은 일을 떠맡기 싫다는 게 본심이다. 그럼 아이가 초등학교에 들어가면 자유롭게 일할 수 있을까?

현실은 그렇지 않았다.

"초등학교 5학년과 3학년인 아이를 두고 있어요. 막내가 유치원에 들어갈 무렵에 워드프로세서를 배워서 지금은 컴퓨터 자격증을 여러 개 갖고 있습니다.

아이들도 어지간히 컸고 해서 올 봄에 파견회사에 등록해 10월까지 계약직으로 일하기로 하고 직장 생활을 시작했습니다. 여름방학 동안은 친정 부모님께 아이들을 맡아달라고 부탁할 작정이었어요. 한데 이 일을 두고 남편은 처가에 체면이 서지 않는다고 반대하고, 시부모님도 친정에 한 달 넘게 아이를 맡길 수 없다며 여름방학 동안은 일하지 말라더군요. 친정 부모님은 도와주겠다고 하시는데, 남편과 시부모님은 제 일보다 자신들의 체면이 더 중요하답니다. 여름방학 동안 아이들을 맡아줄 생각도 전혀 없으면서 말이죠.

그래서 어렵게 구한 일을 도중에 그만두었어요. 시집간 딸은 친정 부모님께 마음대로 부탁도 못하는 걸까요? 겨울방학 전까지 할 만한 임시직 일자리를 찾고 있지만 조건 맞는 직장이 그렇게 쉽게 구해질 리 없겠죠. 우울

해서 남편 얼굴도 보기 싫어요."(36세)

만반의 준비를 갖추고 일을 시작해도 도중에 이런 장애가 생기니……

누군가의 체면을 세워주느라 회사에 대한 그녀의 체면은 완전히 구겨지고 말았다.

구시대적 발상은 이제 그만!

    아이를 어린이집에 맡기고 일하고 싶은데 남편이 반대한다는 주부(27세)의 사연에는 많은 문제가 얽혀 있다.

    우선 아이를 탁아시설에 맡기는 문제의 좋고 나쁨에 관해.

    그동안 너무 근거가 빈약하다고 여겨 이 문제를 무시했었다.

    뚜렷한 이유가 있는 것도 아니고 단지 탁아시설에 맡기면 아이가 불쌍하다는 '감정론'이 남편의 반대 이유이기 때문이다.

    그런데 이런 편견을 심어놓은 건 대체 누구일까?

    독자들이 보내온 많은 의견 중에 답이 있었다.

    "작년에 1년간의 육아휴직을 마치고 복직하려고 했지만 (10년 동안 근무한 직장) 남편의 반대에 부딪혀 결국 그만두었습니다. 반대 이유는 탁아시설에 맡기는 건 아이에게 못할 짓이라는 선입관 때문인 것 같아요. 아이 곁에는 반드시 엄마가 있어야 한다고 믿는 거죠. 대개 전업주부인 어머니 밑에서 세심한 보살핌을 받고 자란

사람들이 이런 생각을 많이 하지 않나 싶어요. 엄마가 아이 곁을 지키는 걸 당연하게 여기니까요. 복직한 후에 아이가 아프거나 다쳤을 때 탁아시설에 맡겨서 그렇다고 남편에게 꼬투리를 잡히기라도 하면 괜한 죄책감에 시달릴 거 같아서 결국 직장을 그만두었어요."(33세)

이 밖에 세 명의 주부가 남편이 탁아시설을 맹목적으로 반대하는 이유가 전업주부인 엄마 밑에서 자랐기 때문이라는 의견에 동조하는 사연을 보내왔다.

어머니 영향 탓이었다니! 무릎을 치고 있을 상황이 아니다. 지금도 그 악행은 계속되고 있다.

"딸애 초등학교 입학식에 갔을 때예요. 옆줄에 선 엄마들이 '탁아시설에 맡긴 애들은 사납다던데 우리 애들 해코지라도 하면 어떡하죠'라고 하더군요. 요즘도 그런 생각을 가진 사람이 있다니, 어이가 없었습니다."(파트타임, 40세)

제발 아이들에게 이런 구시대적인 발상을 심어주지 말기 바란다.

가정은 엄마 **혼자** 지킨다?

탁아시설에 맡겨진 아이들이 불쌍하다는 생각은 전업주부 어머니의 영향이라고 판정을 내렸다.

이 악행에 대한 대책으로 "아이가 어릴 때부터 직장에 다니는 엄마가 '탁아시설에 가지 않는 아이는 불쌍해. 네 자식은 꼭 탁아시설에 보내라' 하고 세뇌시키면 된다"는 의견이 있었다.

맞불 세뇌 작전이라고나 할까?

지금까지 직장 문제나 자녀를 탁아시설에 맡기는 문제에 대해 여러모로 이야기를 나누었다. 한데 이 모든 논의를 뒤집는 몇몇 사연이 있어 소개한다.

"남녀 각각의 책임과 의무를 생각합시다. 요새 젊은 사람들은 결혼한 후에도 직장에 다녀야 한다고 노래를 부르는데, 가정을 제대로 돌보고나 있는지요? 요전번에도 어느 병원에 갔더니 3개월 된 갓난아기를 안은 엄마가 다음달부터 아기를 탁아시설에 맡기고 직장에 나갈 생각이라고 하더군요. 얼마나 기가 막히던지, 왜 아이를 낳았냐는 생각이 들었습니다. 매스컴이 들고 일어나서 여성의 사회 진출 어쩌고 하며 주부들에게 바람을 넣고 있어요. 하지만 아이의 건강과 성격은 엄마가 만드는 거예요. 어머니는 아이의 성장을 책임져야 합니다. 우리처럼 자녀를 다 키워놓고 보면 알게 된답니다. 정 일을 하고 싶으면 아이나 남편에게 피해를 주지 않는 시간에 도서 배포나 관공서 모니터 같은 일을 하세요. 그리고 2년에 한 번은 열흘쯤 휴가를 얻어 해외여행이라도 나설 줄 아는 용기를 가지세요."(주부, 58세)

……. 맥이 탁 풀리는 발언이다.

여자는 가정을 지켜야 한다는 말을 어떻게 그렇게 당당히 할 수 있을까?

예, 예, 예, 예, 알았어요.

애가 다친 것도
병이 난 것도
버릇없이 구는 것도
다 제 잘못이에요.
수도요금이 비싼 것도 제 탓이에요.

직장에 다니겠다고 해서 죄송해요.

주부가 자유시간을 갖기 위해서는 용기가 필요하고, 일도 남편이나 자녀들에게 피해가 돌아가지 않도록 해야 한다니.

이 주부의 말대로라면 자녀 교육은 전부 엄마가 책임져야 할 판이다. 가정을 지키는 건 이만저만 힘든 일이 아니다.

그런데 엄마 혼자 가정을 지켜야 하는 걸까?

직장을 다니고 싶다는 둥 누구 잘못이라는 둥 철없는(?) 논쟁을 벌일 수 있는 우리는 행복하다.

무시하고 넘겨서는 안 되는 것

'여자에게는 가정이 먼저'라는 주장에 대해 예상 외로 분개하는 주부들이 많았다. 열 받았다는 둥 뚜껑이 열렸다는 둥 어이가 없어 웃고 말았다는 둥 사연이 쇄도했다. 펜을 들지 않고는 견딜 수 없었다, 누가 뭐래도 한마디 해야겠다는 말로 시작하는 편지도 많았다.

잠깐 여기서 복습.

요즘 젊은 사람들은 결혼해도 직장을 다니겠다고 노래를 한다. 3개월 된 아이를 탁아시설에 맡기고 일하겠다는 엄마를 보고 기가 막혔다. 아이의 성장은 엄마의 책임. 꼭 일을 하고 싶으면 남편이나 자녀들에게 피해 주지 않는 시간에 해라.(주부, 58세)

노여움이 부활한 사람도 많을 것이다.

그런데 거슬리는 것은 '일하겠다고 노래를 부른다'는 표현이다. 이에 대해 경제적인 이유나 가정 형편 때문에 직장에 다니는 대다

수 사람들이 "이기심만으로 직장 생활을 하는 게 아니다. 일할 수밖에 없는 엄마도 있다는 사실을 알아줬으면 한다"라고 반론했다.

내 생각에 이 논쟁의 원점은 "본인에게는 자신의 삶의 방식이 옳을지 몰라도 타인에게는 옳지 않을 수 있다"는 데 있다.

폼이나 잡자고 하는 말같지만, 요컨대 타인의 입장을 이해하라는 뜻이다(가정주부들은 이게 잘 안 된다).

자기 기준으로 상대를 판단하기 때문에 3개월 된 아기를 맡기고 일하러 가는 엄마를 두고 이유도 모르면서 기막혀할 수 있는 것이다. 어이가 없어서……

따라서 이 논쟁에 대해서도 당신은 고개를 끄덕일 수도 갸웃거릴 수도 있다.

그걸로 족하다. 시대 변화, 사회적 환경, 개인 사정 등, 이유는 다양하니까.

그렇다고 해서 (자주 이런 글을 받는데) "사람마다 사고방식이 다르니까 내버려두면 된다"는 의견에는 찬성할 수 없다.

무시하고 넘어가면 상대는 자기 생각을 인정하는 줄 알고 수용할 수 없는 삶의 방식을 강요할지도 모르니까.

밥에다 마요네즈 뿌려 먹으면 얼마나 맛있다구 ♡ 먹어봐!

3세 신화보다는 4개월 보육

    탁아시설에 맡기다니 아이에게 못할 짓이라는 생각은 어머니의 영향에서 기인한 감정론으로 치부했었다. 그런데 논쟁이 계속되면서 아이가 가엾다는 발언에 근거가 있음이 판명되었다. 바로 '3세 신화'다.

    육아휴직 중인 보육교사(27세)조차 "세 살 전까지는 엄마가 아이 곁을 지켜야 한다는 생각 때문에 가책을 느껴요. 왜 죄책감이 드는 걸까요? 저 좀 도와주세요"라며 고민에서 헤어나지 못한다.

    이른바 이 3세 신화 때문에 심리적 압박감을 느끼는 사람이 수없이 많다. 이 논리 앞에서 어쩔 수 없이 일을 포기한 사람은 이보다 더 많다.

    그래서 나는 머리끈을 질끈 동여매고 조사에 나섰다.

    결국 이것이 신화가 아니라는 사실을 밝혀냈다. 1960년대에 만들어져(!) 유포된 가설에 지나지 않았던 것이다.

이 가설이 신격화되어 탁아시설에 맡기는 건 아이에게 못할 짓이라는 생각으로 굳어지고, 마침내 출산 기피라는 폐해를 낳고 있는 것이다.

일이 이 지경에 이르자 후생성도 발 벗고 나섰다. 1998년에 후생백서를 통해 3세 신화가 근거 없는 주장임을 밝혔다.

브라보! 관청 도장까지 받은 것이다.

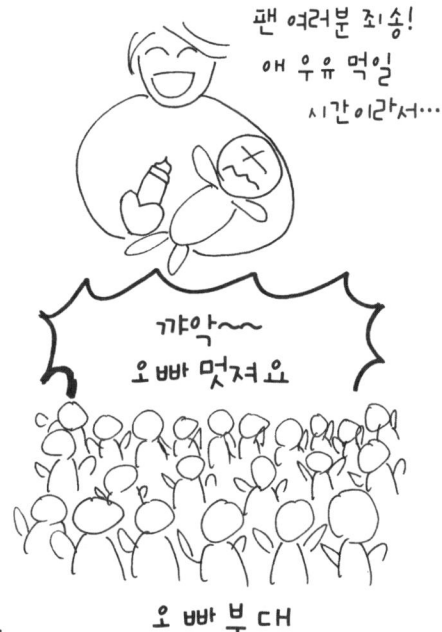

"흔히 육아 상담을 받으러 가면 세 살까지는 어머니가 돌보는 게 좋다는 말을 들어요."(28세)라며 불안해하는 사람이 있으면 당당히 후생성의 발표 내용을 들려주자.

우리와는 달리 유럽에서는 '4개월 보육'이 일반적이라고 한다. 이런 사연을 받았다.

"외국 연구 결과에 따르면 엉터리 엄마 밑에서 자라는 게 더 문제랍니다. 오히려 생후 4개월부터 탁아시설에 맡기는 편이 몸도 마음도 건강한 아이로 자라는 데 좋대요. 저희 아이는 11개월 되던 무렵부터 탁아시설에 맡겼는데, 너무 늦은 건 아닌지 걱정이 됩니다."(38세)

참으로 트렌드에 밝은 엄마다!

우리 나라에서도 '4개월 보육'론을 유행시키면 어떨까?

이 책을 읽는 임신 중이거나 임신할 예정인 연예인들이여, 출산하고 4개월이 지나면 곧바로 복귀해주시길! 단 아이를 어린이집에 맡기고 데려오는 일은 남편과 공동 책임으로 해서. 남편이 유명 연예인일 경우 파급 효과는 더 크다. 선망받는 연예인 커플이 연일 매스컴에 소개되면 '4개월 보육'론도 순식간에 퍼져나갈 것이다. 그리고 가사와 육아 분담을 기피하는 남편은 촌스럽다는 풍조를 만연시키는 거다.

047

일단 저지르고 본다?

탁아시설에 아이를 맡기고 일하겠다는 데 반대하는 남편의 진짜 속셈은 무엇이고, 어떻게 하면 남편을 설득할 수 있느냐는 사연에서 발전한 논쟁. 반대 이유(탁아시설에 맡겨진 아이는 불쌍하다)는 근거 없는 3세 신화인 것으로 판명났다.

다음 단계는 남편을 설득하는 일이다.

우선 남편과 진지하게 대화해보라고 제안을 했다. 하지만 웬걸, 대화 내용은 학부모 모임이나 자식 일, 세상 돌아가는 이야기가 전부다. 부부 사이에 서로의 삶에 대한 진지한 대화는 성립하지 않는다는 사실이 밝혀졌다.

그렇다면 지금까지 열심히 생각해온 의미가 없지 않은가!

처음으로 돌아가서 다시 시작해야 하나? 머리를 쥐어뜯으며 고민하다가 예전에 받은 편지에서 돌파구를 찾아냈다.

"왜 직장에 다니는 일에 대해 일일이 남편의 허락을 받아야만

죽기살기로
밀어붙이는 거야!!

투지   천하통일   결의

유아독존

하는 거죠? 정말로 일하고 싶다면 실행에 옮겨야 합니다. 저도 올 6월부터 시간제 일을 시작했어요. 결혼하고 18년 동안 살림만 했죠. 나이 마흔에 일을 시작한다는 게 얼마나 힘든지 실감하고 있어요. 일하기로 결심한 것도 제 자신이고 일자리를 구한 것도 접니다. 남편에게 의논은 했지만 결정은 제 자신이 했어요. 일하는 데 허락이라니요, 그렇게까지 남편에게 의존할 필요는 없다고 생각해요."(40세)

이런 온건한 사연이 있는가 하면 "그렇게까지 체면을 차려야 하나요? 주위 사람들이 뭐라든 싹 무시하고 밀어붙이세요!"(37세)라는 과격한 의견도 있었다.

남편의 이해를 얻으려는 생각이 틀린 것 같다.

"남편을 설득하는 데는 백 마디 말보다 한 번의 행동이 낫다고 봅니다. 반대하는 남편은 눈앞의 현실을 회피하고 싶은 겁니다. 아내가 직장에 다니면 누구 덕에 먹고사는 줄 아냐고 큰소리 칠 수 없는 게 두려운 거죠. 그럴 때는 '당신이라고 회사에서 잘리지 않으리란 보장 있어요? 해고라도 당하면 어떻게 할 건데!' 하고 현실을 직시하게 만드는 겁니다. 원하는 일을 하려면 투쟁해야 해요."(36세)

남편의 양해를 구하는 건, 돌다리를 두들겨보고 건너려다 아예 무너뜨리는 자폭행위일지도 모른다.

048

막판에 **취소**라니,
직장이라면 징계감이다

이 논쟁은 자식들 다 키우고 이제 사회에 나가 일해보고 싶은 주부에게 힘이 되어주고자 시작했다. 그리고 직장에 다니고 싶다면 무단발차(남편 양해 없이)도 한 방법이라는 지점에 도달했다.

아무래도 일을 시작하려면 결의며 추진력이며 순발력이 필요하다. 단 그것을 지속하려면, 즉 계속 직장을 다니려면 남다른 책임과 각오가 필요하다.

남편 체면 때문에 직장을 그만둔 사람의 사연을 떠올려보자. 그녀는 아이를 키우면서 컴퓨터 자격증을 취득하는 등 만반의 준비를 갖추고 취직했다. 그러나 여름방학 때 친정에 아이를 맡기고 일하는 건 남편 체면 깎는 처사라는 반대에 부딪혀 일을 그만둔 후, 남편 얼굴도 보고 싶지 않다고 하소연했었다.

당시 보내온 의견 중에는 "직장을 그만두겠다고 결정한 건 본인입니다. 최종 판단은 자신이 내린 거예요. 그러니 결정에 대해 스스로 책임져야 하지 않을까요?"(35세), "일해서 돈을 벌려면 그 만한 각오가 필요합니다. 반대에 부딪혔다고 포기할 정도의 자세라면 일을 계속할 수 없어요"(39세) 같은 것이 있었다.

옳은 말이다. 이런 의견도 있었다.

"가정 문제로 직장을 그만두다니 직업관이 투철하지 못해서라고밖에 볼 수 없습니다. 가족 하나 설득하지 못하면서 어떻게 직장 생활을 제대로 하겠어요? 전업주부는 어쩔 수 없다는 소리밖에 더 듣겠습니까?"(29세)

얼마 전에 전업주부인 친구가 급한 일이 생겼다며 막판에 약속을 취소하는 전화를 걸어왔다. 남편 전근으로 이사를 간다고 해서 마련한 송별회 자리였는데 말이다.

자기가 주인공인데 못 오겠다니 어쩌자는 건가? 갑자기 시부모가 집에 찾아오는 바람에 못 나오겠단다. 시댁이 근처에 있어서 시도 때도 없이 들락거리는 걸로 알고 있는데.

가정이 세상 전부인 그녀에게 친구들이 마련한 송별회는 안중에도 없는 모양이다. 시부모님께 친구들과 송별회 약속이 있어서 나가

봐야겠다는 말도 못한단 말인가? 말없이 불쑥 찾아온 시부모를 돌려보내면 나중에 '주인님'에게 야단이라도 맞을까 봐?

"사회성이라곤 눈 씻고 찾을래야 찾을 수 없는 게 아줌마라는 족속이라니까"라는 불평이 절로 나온다.

집안에 갇혀 지내며 시야가 좁아지는 게 두려워서 그토록 간절히 사회생활을 원했던 게 아니었던가?

049

결혼, 축하할 일인가?

얼마 전에 나보다 한참이나 어린 편집자의 결혼식이 있었다.

사내 커플이던 두 사람은 도쿄와 규수로 인사발령이 났고 따로 떨어져 살게 되면서 곧바로 결혼을 결심한 것이다.

함께 있고 싶어서 결혼하는 거라고 생각했는데, 이렇게 처음부터 떨어져서 살 거면 결혼하는 의미가 있을까?

나중에 본사로 돌아올 테니 그때 결혼하는 게 낫지 않겠냐고 반대했는데도…….

내 설득도 헛되이 청첩장이 날아왔다. 피로연 축사를 부탁한다는 글과 함께.

안 되겠다 싶어 축사를 거절하려고 전화를 했다.

나는 결혼 생활을 도중하차한 사람이다. 피로연에서 결혼 축하한다는 말을 어떻게 한단 말인가?

굳이 하라면 "결혼을 한다는 건 곧 이혼할 수 있는 권리를 얻는다는 의미죠! 호호호"라는 내용이 될 게 뻔하다.

그러나 무슨 말이든 괜찮다는 신부의 강력한 요청 때문에 어쩔 수 없이 축사를 떠맡고 말았다.

악역이 나의 본업이니 피로연이 무르익을 즈음에 얼마간 과격한 발언을 해서 분위기를 띄워주기를 바라는 건가?

어차피 식사와 함께 술도 몇 잔 돌았을 테고 남의 이야기를 귀담아들을 사람은 아무도 없으리라. 신랑 과거를 들춰내어 흉보는 신랑 친구들의 객쩍은 소리쯤으로 편하게 할 생각이었다.

그런데 당일 안내받은 자리는 주빈석이었다. 신부 측 초대 손님 자리가 아니란 말인가? 나는 그만 주눅이 들고 말았다.

신부에게 확인할 겨를도 없이 피로연이 시작되었다.

건배를 하고 나면 바로 축사. 당황한 나머지 축사 첫마디를 "저는 이 결혼에 반대했었습니다"로 시작하고 말았다. 돌덩이처럼 굳어버린 가족과 친척 그리고 친구들.

부디 피로연에서 축하 메시지를 기대하는 사람은 내게 부탁하지 않기를……

왜냐고? 진심으로 축하할 마음이 안 생기니까!

127

평생직장, 이제 옛말이다?!

결혼식업체 관계자를 만났다. 최근 들어 격식을 차린 딱딱한 구식 피로연보다 파티 형식의 피로연을 많이 한단다. 편하게 즐기는 피로연 형식을 선호하는 모양이다. 재혼도 늘었으니 그럴 법하다.

개성 있는 신랑 신부도 많아서 요구 사항을 들어주기가 보통 힘든 게 아니란다. 신랑 신부가 미키마우스와 미니 분장을 한 경우도 있었다고.

피로연에 관해 상의할 때면 십중팔구 자잘한 문제를 놓고 신랑 신부가 다툰다. 신랑은 귀찮아서 대충 정해버리려 하고 신부는 그런 신랑이 못마땅한 것이다. 누구 편을 드냐고 물었더니 신부라고 했다. 신부를 위로하고 신랑을 타이르는 것이 요령이란다. 이런 난관을 넘고서야 비로소 피로연에 이르는 거다.

피로연 협의 과정에서 신랑이 교체된 적도 있다고 한다. 신랑이 바뀌었으니 예전 일은 입 다물어달라고 미리 신부에게서 전화가 왔었다고. 파란만장한 서막이다.

그러고 보니 요즈음 결혼 피로연에서 중매인(일본 전통 혼례에서 주례 비슷한 역할을 한다-옮긴이)을 찾아보기 어렵다.

중매인은 대개 남편의 직장 상사인 경우가 많은데, 이직이 잦은 현대 사회에서 상사에게 부탁하기도 어려운 노릇이다. 본인뿐만 아니라 상사도 직장을 옮길 가능성이 있으니 말이다. 종신고용이라는 전통적인 미덕이 무너졌기 때문이다. 더 무서운 일은 회사가 망하는 파란이 없다고 장담할 수도 없는 것이다. 한 치 앞을 가늠할 수 없는 어지러운 세상이다.

말이 난 김에 하는 말인데, 이혼율이 3할을 넘었다고 한다. 결혼식에 참석한 커플 세 쌍 중 한 쌍이 이혼하는 꼴이다. 종신고용과 함께 평생직장이란 말도 사라졌다. 남의 집 일이라고 웃고 계신 분을 위해 3할이라는 숫자가 어느 정도 확률인지 구체적인 예를 들어보자. 도쿄대학교 세치 야마카쿠 교수에게 들은 내용이다.

"결혼을 지속할 확률은 투수가 타석에 선 이치로 선수에게 한 번도 안타를 맞지 않은 확률과 같습니다. 거꾸로 말하면 이혼할 확률은 이치로 선수가 안타를 칠 확률인 셈이지요."

오호, 과연 도쿄대학교다! 이 얼마나 명쾌한 설명인가!

129

여자는 멍청하다는 말이
절로 나오는 현실

학부모 모임에서 회장만 남자고 위원은 전부 여자라고 한다. 흡사 사회의 축소판이라고 생각했더니 틀린 것 같다.

현장 보고가 도착했다.

"학부모 모임에서 회장만 남자라는 사실에 저도 의구심을 갖고 있었습니다. 그런데 실제 위원이 되고 보니, 먹을 대로 나이 먹은 여자들끼리 걸핏하면 옥신각신 다투는 거예요. 무슨 일 하나 결정하는 데도 얼마나 진을 빼는지. 부회장이나 위원장에게 돌아가는 비난의 화살도 만만치 않습니다. 뭘 해도 불평불만의 표적이 되는 거죠. 그런데 어이 없게도 회장이 내놓은 안건은 회장의 의견이라는 이유만으로 두 말 없이 가결되는 거예요. 그러니 회장이 남자가 될 수밖에 없다는 생각이 들었어요. 만약 회장이 여자였다면 분쟁만 커지고 회장 본인은 물고를 당했을 거예요. 그러니 남자를 앉혀 두는 거죠. 납득은 안 가지만 이를테면 필요악인 셈이죠. 같은 여

자로서 딱한 일이지만요."(전업주부, 33세)

이럴 수가! 인정할 수밖에 없는 현실이란 말인가?

이 밖에도 어렵게 위원을 맡아준 대견한 아버지(학부모)에게 엄마들끼리 할 테니 빠져달라고 요구한 경우도 있다고 한다. 여자들끼리 모여 앉아서 떠들고 놀고 싶은 게다. 이 학부모 모임은 엄마들 놀이터인 모양이다.

또 다른 현장 보고.

"학부모 모임에 나가는 일이 고역이에요. 열성적인 사람은 학부모회 활동이 얼마나 대단한 일인지 열변을 토해요. 앉으나 서나 학부모 모임 생각밖에 없는 것 같아요. 누가 그 열성을 따르겠어요? 질문이 나오면 쓸데없는 이야기들이 꼬리를 물고 이어집니다. 정말 지겨워요. 소리라도 지르고 싶은 심정입니다. 이러니 여자 어쩌고 전업주부 어쩌고 하는 소리를 듣는 거라고요. 같은 여자로서 하는 말인데 제발 학부모회 활동 같은 데서 삶의 보람을 찾으려들지 말았으면 좋겠어요."

같은 여자로서
어쨌다는 거야?

흐음. 신기하게도 두 의견 모두 '같은 여자로서'라는 말로 끝을 맺고 있다.

여자는 역시 멍청한가?

결혼 후에 **따로** 성을 쓰는 문제

2001년 8월 5일자 아사히신문 조간에 「부부 별성제 찬성 42%, 마침내 반대를 앞지르다」라는 기사가 실렸다. 5년 만에 실시된 행정부 여론 조사 결과다.

"통칭(호적과 달리 실생활에서 편의상 사용하는 결혼 전의 성이란 뜻으로 이해하면 된다―옮긴이)을 포함해 결혼 후에도 부부 별성을 인정하는 법 개정에 찬성하는 사람이 65.1퍼센트에 달했다."

연령대별로는 20~30대가 80퍼센트로 가장 높았다. 요컨대 이 문제에 직면하고 있는 연령이다.

성씨나 제사 문제를 비롯해 부부가 각자의 성을 선택할 수 있으면 좋겠다는 사람도 있고, 결혼으로 성이 바뀌는 바람에 직장에서 불이익을 겪었다고 호소하는 사람도 많다. 자식이 결혼할 때쯤 되어야 부부 별성이 허용될지도 모른다며 지레 포기부터 하는 풍조도 뿌리 깊었다.

그러나 이번 조사 결과 덕분에 실현 가능성이 성큼 앞당겨진 것 같다.

법률로 정해진다면 실생활 속에 자리를 잡는 건 시간 문제다. 1989년부터 실시된 소비세도 오래 전부터 있어온 제도 같은 느낌이 들지 않는가?

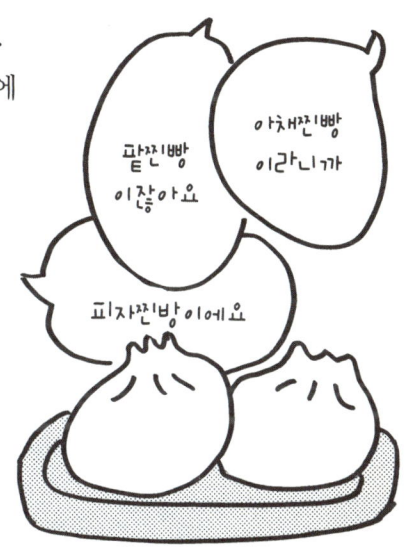

어떻게든 개정안이 국회에 제출된다면 논쟁의 여지가 생긴다. 여론 환기가 큰 보탬이 될 테니 부부가 따로 성을 사용하는 문제에 대해 짚어보자.

여기서 잠깐 학습하고 넘어가자.

부부 별성제란 정확히 말하면 선택적 부부 별성 제도다.

부부가 같은 성을 써도 되고 다른 성을 써도 된다는 의미다. 결혼 전에 쓰던 성을 통칭으로 사용해도 된다. 요컨대 자유롭게 성을 선택할 수 있게 하자는 취지다.

1991년부터 선택적 부부 별성제에 관한 검토가 시작되어 1996년에 민법개정안에 포함되었지만, 특정 정당의 반대로 끝내 국회에 제출되지 못했다. 그 정당은 지금도 부부 별성제에 강하게 반발하고 있다. 대대수 정당이 지지하고 있음에도 그 고리타분한 아저씨들은 내키지 않나 보다. 하지만 반대파의 우두머리가 체포되었으니 앞으로는 상황이 나아질지도 모른다.

반대 이유 중 하나는 "부부가 같은 성을 써야 통일된 느낌을 주기 때문"이라고 한다. 어이가 없어서. 가족이 같은 성을 쓴다고 일체감이 강해진단 말인가?

　　성이 달라도 가족보다 더 정답게 지내는 사람들이 얼마나 많은데……

　　성이 다르면 가족의 일체감이 약해지는지, 부부 별성을 인정할 경우 자녀는 누구 성을 따를 것인지 곰곰이 생각해볼 일이다.

053

성씨에 개의치 않는 아이들

직장에서 결혼 전 성을 그대로 사용하는 여성들이 많다. 모든 서류에 결혼 전의 성을 쓸 수는 없는 탓에 관리부에 아쉬운 소리를 해야 하거나 호적상의 성을 들먹이며 놀리는 직장 동료나 상사 때문에 마음 고생이 심한 모양이다.

이렇게 고충을 겪는 사람이 많아도 여성 관련 법안 통과는 더디기만 하다. 경구피임약 승인은 그렇게 오래 끌었으면서, 경이로운 속도로 비아그라 시판을 허가한 일이 대표적인 예라 할까?

선택적 부부 별성 제도는 현행법에 별성이라는 선택 사항을 추가하는 것이다. 염려스러운 건

철 따라 이름이 바뀌는 생선도 있잖아

혹시 난 주어온 물고기가 아닐까…

부부가 성을 달리할 때 자녀의 성은 어떻게 되느냐. 그래서 지금까지 제출된 민법 개정안을 살펴보았다.

자식이 부모 중 누구 성을 따를지는 부부가 협의해서 결정하며 나중에 변경도 가능하다. 집안의 대를 잇기 위해 각자 결혼 전 호적에 남아야 하는 부부에게는 낭보다. 그러나 부모와 자식의 성이 다를 경우, 아이가 혼란을 겪을 수 있다는 노파심도 든다.

아내 직장에서 결혼 전 성의 사용을 불허하는 바람에 3개월 만에 서류상으로 이혼한 부부에게 물어보았다.

아이들은 둘 다 초등학생. 아들은 엄마 호적에, 막내인 딸은 아빠 호적에 올라 있어서 가족의 성이 달랐다.

"별로 신경 안 써요. 학교 선생님이 좀 당황스러워하긴 했죠. 태어날 때부터 성이 달라서 아이들은 그게 당연한 줄 알아요. 아이들은 자기를 기준으로 생각하거든요."

이렇게 딱 잘라 말하는 게 아닌가? 공연한 걱정이었다. 겪어보지 않고서는 할 수 없는 말이다. 가족의 성이 같은 걸 당연시하니까 문제가 생기는 거라고 도리어 우리 가정사를 들먹인다.

의표를 찌르는 말인 만큼 더 얄밉다.

민법이 개정될 경우, 결혼해서 같은 성을 쓰는 부부도 신고 절차만 밟으면 성을 변경할 수 있다고 한다.

그러나 결혼 전 성을 통칭으로 사용하는 사람은 호적명을 바꾸는 것이 귀찮다는 이유로 적극성을 보이지 않는 것 같다.

호적상의 이름보다 통칭이 본명이 되어버린 것이다.

054

정치, 입소문으로 움직이자!

오늘날의 결혼은 배우자 중 하나가 자신의 성을 버려야만 성립되는 제도다. 성을 버려야 하는 쪽의 부담이 큰데도, 그러한 불편에 익숙해진 사람이 많다는 사실이 안타깝다.

그래서 결혼 관련 법률에 부부가 각자의 성을 사용할 수 있도록 하는 조항을 추가하자는 제안이 바로 '선택적 부부 별성 제도', 단 아홉 글자다.

이 제도는 용어의 어감부터가 좀 딱딱하다. 또한 별성이라는 단어가 이별을 연상시켜 불안감을 조장한다.

가족의 일체감을 상실한다는 괜한 염려를 불러일으키는 이유도 그 어감 때문이리라. 부부 별성제라는 표현을 듣기 좋은 말로 바꾸면 인지도가 높아지면서 순식간에 퍼져나가지 않을까?

여기서 백날 떠들어보아야 변하는 건 아무것도 없다고 생각하는 사람도 있을 것이다.

어이,
정치가 양반들~
그만 부부 별성제에
OK 하시지

그렇지 않다. 이제 정치는 여론으로 승부하는 시대다. 이 기회를 놓쳐서야 되겠는가?

여론이 일면 정치는 움직이게 마련이다.

그러나 부부 별성제 논의도 어느 순간 쑥 들어가버렸다. 행정부 홈페이지에 한동안 올라 있던 '논의에 참고가 되도록 선택적 부부 별성혼이 인정되지 않아서 겪는 불편과 불이익에 관해 구체적인 체험이나 사례를 모집하고 있습니다. 국민 여러분의 많은 협조 바랍니다' 라는 글귀도 어느새 삭제되고 말았다.

국민 여러분 어쩌고 하며 굽실댈 땐 언제고 잠깐 한눈파는 동안 허둥지둥 문을 걸어 잠그다니. 관료들이 하는 일이란……

이 참에 특기인 입소문 여론을 구사해서 만나는 사람마다 인사 대신 "부부 별성제에 대해 어떻게 생각하세요?" 하고 집요하게 물어보면 어떨까?

055

시부모 병 수발은 며느리의 몫?

어느 모임에서 만난 이 칼럼 독자의 하소연.

"시어머니는 간호보험 같은 건 안 드시겠대요. 왜냐고 물었더니 공짜로 부려먹을 수 있는 며느리가 있는데 뭐 하러 드냐는 거예요. 그 며느리가 바로 저라구요. 정말 속상해요. 며느리가 대체 뭐길래!"(주부 겸 작가, 39세)

노여움에 떨리는 목소리로 사정을 털어놓는 그녀의 눈에는 눈물이 그렁그렁했다.

그 일이 있은 후로 시부모 모시는 문제와 며느리란 무엇인가 하는 의구심이 뇌리를 떠나지 않았다. 한데 마침 불에 기름을 붓는 사연이 도착했다.

"올 여름에 친정 할머니가 돌아가셨어요. 십 수년간 치매를 심하게 앓으셔서 친정 부모님이 집에서 수발을 드셨어요. 아버지 쪽 형제들이 나 몰라라 하는 통에 부모님이 겪으신 육체적, 정신적 고

한자로 '며느리'라고 적고
공짜로 부려먹는
간병인이라고 읽는다

게다가
연중무휴 짜잔

통은 이루 말도 못했죠. 돌아가시기 1년 전에야 겨우 시설에 모셨어요.

부모님은 할머니 임종을 앞두고 배려하는 마음에서 숙부와 고모에게 병시중을 거들라고 당부하셨어요. 죽을 날짜를 받아놓은 상태라 숙부와 고모는 흔쾌히 수락하더군요. 한데 여태껏 본체만체 한 건 자기들이면서 친정 부모님이 아무 일도 안 한 것처럼 병원에 떠들어대는 게 아니겠어요?

친정 부모님께 아무 의논도 없이 집에 모시고 가서 임종을 지키겠다고 의사에게 통보하질 않나, 아무튼 돌아가시기 며칠 전에는 한바탕 소동이 벌어졌습니다. 그래 놓고 고모는 고인의 빈소 곁에는 얼씬도 안 하려 들고 숙부는 향을 꺼뜨리지 말라는 말만 남기고 돌아가버렸어요. 어머니는 이래서 며느리는 언제까지나 며느리라고 하시더군요. 며느리란 존재가 뭔지 의구심이 들어요."(종갓집 며느리, 34세)

종가집 며느리인 그녀 역시 이달 초에 시아버지가 돌아가셔서 북새통을 치렀다고 한다. 장례 준비를 그녀에게 떠넘긴 채 어떻게 하라고 일러주지도 않아서 혼자 동동거리는데도 시집 식구들은 거들떠 보지도 않더란다.

모르는 대로 지역 풍습에 따라 나름대로 장례식 준비를 했더니 나중에 가서 트집을 잡으려 들었단다. 종갓집 며느리된 죄로 혼자 식식대며 뒤치다꺼리를 다 했다는 것이다.

분가한 사람을 부러워하며 하루하루를 보낸다고.

시부모 모시는 일은 며느리 혼자 몫일까?

056

입만 살아서는

'시부모 병 수발은 며느리 몫?'을 어머니와 함께 읽었다는 독자의 편지다.

"친정 어머니도 맏며느리입니다. 어머니는 최근 10년간 할아버지 골절에다 할머니 치매 때문에 집과 병원, 노인 보건시설을 하루에도 몇 번씩 오가며 지냈어요. 식구들끼리 밥 한 끼 같이 먹을 시간조차 없었죠. 저는 그런 어머니가 안쓰러워 직장을 그만두고 아르바이트를 하면서 집안일을 도왔어요. 무척이나 고되고 힘든 시간이었어요. 그리고 올해 할아버지가 돌아가셨습니다. 우리 가족은 할아버지 간병하느라 많은 것을 희생했어요. 그런데도 아버지 형제들은 장례식을 마치고 어머니한테 생트집을 잡더군요. 365일, 하루세 끼 식사 챙겨드리고 목욕에 대소변까지 받아낸 어머니에게 수고했다는 말 한 마디 없이 돌아갔어요. 얼굴 한 번 내밀지 않고 입만 살아서 떠들어대는 숙부나 사촌들이 너무 미워요."(주부, 27세)

고령화 사회가 되면서 딸까지 직장을 그만두고 병 수발을 들어야 하다니⋯⋯. 여자의 희생은 이렇듯 당연하게 여긴다. 헌신적으로 병 수발을 해도 분가해서 시부모를 모시지 않는 시집 식구들은 트집이나 잡으려 든다.

"통감합니다. 10년 전, 시아버지가 뇌경색으로 쓰러져서 거동을 못하게 되셨어요. 시동생과 시누이들은 얼굴 한 번 내밀고 그걸로 끝이었어요. 장례식 때도 잔뜩 빼기며 나타나서는 싫은 소리만 늘어놓고 수고했다는 말 한 마디 없었어요. 그리고 1년 전에 시어머니가 입원했는데, 시동생 시누이는 찾아오지도 않았어요. 안부를 묻는 전화 한 통 없이. 부모가 앓아누워도 나 몰라라 하는 시동생과 시누이들, 장남이니까 어쩔 수 없다는 친척들⋯⋯. 화가 나서 견딜 수가 없어요."(자영업, 57세)

그 싫은 소리란 게 어떤 내용인지, 상상이 잘 안 되니 가르쳐주기 바란다. 나도 친정 가면 시누이인지라 알아둘 필요가 있을 것 같다.

혹시 무의식중에 내뱉은 한마디가 병 간호에 지친 사람에게는 상처가 되지 않을까? 시부모를 모시는 사람으로서 정말 속상했던 말, 듣기 싫은 말이 무엇인지 알고 싶다.

057

이 말만큼은 듣고 싶지 않다

시부모 모시는 며느리들이 가장 듣기 싫은 말에 대해.

"며느리는 며느리일 뿐 어차피 남이라거나 친척들끼리 의논할 게 있으니까 자리를 피해달라는 말. 이 말을 들은 사람은 바로 제 어머니입니다."(28세)

며느리이기 때문에 친척들에게 인정받기 위해 그만큼 더 헌신했는데, 결과는 수십 년이 지나도 남 취급이다. 그런 어머니의 모습을 보고 자란 여성이라면 시부모 수발을 떠맡고 싶지 않다는 생각이 더할 것이다. 남편의 친척들에게 고맙다는 말 한 마디 못 들었다는 사연도 꽤 많았다. 어떤 희생이 따르더라도 시부모 수발은 당연히 며느리 몫이라고 여기는 것 같다.

"남편에게 따뜻한 말 한 마디라도 듣고 싶어요."(시어머니 장례를 치른 주부, 57세)

그렇다. 남편이라도 고마워하기 바란다. 자기 부모를 위해 아내가 고생하는 거니까. 이런 사연도 있었다.

"10년 전, 차남인 저희 집에서 병간호가 필요한 시아버지를 모시게 되었습니다. 반년쯤 지나면서 시아버지는 밤중에 깨어 고래고래 소리를 질러대기 시작했어요. 의사의 권유도 있고 해서 시아버지를 병원에 모셨어요. 남편과 초등학교 다니는 두 아이를 돌보느라 체력의 한계를 느끼면서 그렇게 반년을 지냈어요. 한데 시숙으로부터 갑자기 전화가 왔어요. 고맙다는 말을 하려는 줄 알았는데, 대뜸 하는 소리가 벌써 병원에 모셨냐는 거예요. 저의 부족함을 책망하는 것 같아 죄송하다고 말하고 말았어요. 지금 생각하면 그때 왜 죄송하다고 했는지 한심해서 견딜 수가 없습니다. 입원비 전액을 저희가 부담했고 장례식 경비도 냈으니 죄책감이나 후회는 없지만, 시숙과는 두 번 다시 만나고 싶지 않습니다."(50세)

시숙의 말 중에 '벌써'라는 대목이 강조되어 있었다.

인내심이 부족하다는 말을 하고 싶었을까?

병 수발은 무조건 참고 해야만 하는 걸까? 병원이나 시설의 도움을 받는 게 그렇게 나쁜 일일까?

시설에 모시면 가족의 도리를 저버린 것처럼 말하는 사람이 있는데, 지금은 다들 핵가족이다. 가정에 너무 큰 부담이 되거나 비전문가(가족)에게 병 수발이 버거울 경우 입원은 현명한 선택이라고 생각한다. 그럼 안 되는 건가?

시댁 식구 여러분
며느리는 남이랍니다

냉랭   쌀쌀

058

며느리를 물로 보지마!

며느리라는 이유 하나만으로 병 수발을 해야 하는 것도 억울한
데, 고맙다는 말은커녕 남편 친척들에게 "며느리는 어차피 남"이라
는 소리까지 듣다니.

이 얼마나 손해 막심한 역할인가!

비슷한 처지의 주부로부터 이런 제안을 받았다.

"시어머니를 모시고 사는데 시누이나 시숙들은 아무것도 안 하
면서 참견만 해요. 며느리로서 이런 게 제일 싫어요. 트집을 잡으
려면 한 달만이라도 모시고 난 후에 해야 되는 거 아닌가요? 이삼
일 정도로는 어림도 없습니다. 한 달쯤 고생해보면 아마도 이해하
게 되겠죠."(주부, 48세)

이런 과격한 의견은 어떨까?

"모시다 도저히 안 되겠다 싶으면 '친자식 손에 병 수발을 받고
싶으시대요' 하고 시동생이나 시누이 집에다 시부모를 모셔다드

리고 뒤도 안 돌아보고 나오는 겁니다. 그러면 그 사람들도 병 수발하는 게 얼마나 힘든 일인지 깨닫게 되겠죠."(주부, 32세)

집을 나오면서 아예 "며느리는 어차피 남이잖아요"라는 말까지 덧붙이는 거다.

그렇게 하면 속이야 후련하겠지만 뒷일이 걱정이다.

이들 사연에서는 시부모 병 수발을 도맡고도 아무런 감사와 보답을 받지 못한 사정이 엿보인다.

"제 숙모는 병원에서 시어머니가 '딸이 있었더라면 무슨 말이든 다 들어주었을 텐데'라는 말을 듣고 속이 상했다고 합니다. 이때 옆에서 간호사가 '무슨 말씀이세요? 며느님이 이렇게 열심히 모시는데. 그런 말씀하시면 죄 받아요'라고 따끔하게 꾸짖어주어서 한결 기분이 나아졌답니다."(회사원, 31세)

정말 무심한 시어머니다. 이런 말을 다른 사람 앞에서 태연히 내뱉다니.

"며느리는 아무리 노력해도 며느리이고, 아들딸은 뒤에서 무슨 짓을 하든 귀여운 자식이에요. 심정이야 알겠지만 그래서 더 억울합니다. 저희 집만 그런 게 아닙니다. 양로시설에서 지내는 노인 분들도 마찬가지예요.

미덥지 못한 딸도 있답니다

자식 역성만 들고 죽어라 애쓰는 며느리는 하찮게 여깁니다. 정말 안타까워요."(전직 간병인, 28세)

쯧쯧. 그러고 보면 간병을 받는 사람의 태도에도 문제가 있다.

간병을 받는 시부모의 고맙다는 말 한 마디에 시댁 식구들에 대한 응어리진 감정이 풀렸다는 사연도 있었다. 병 수발을 받는 사람도 생각해볼 일이다.

059

가족의 따뜻한
한 마디보다 나은 건 없다

다들 시부모의 무심한 한 마디에 상처받은 경험이 있다고 한다. 정도의 차이는 있겠지만 금방 밥을 먹고도 안 먹었다고 억지를 부리는 경우처럼 어이가 없지만 하는 수 없다고 포기하는 것 같다. 그럴 때 가족에게 이런 말을 들으면 위로가 된다고 한다.

"친정 어머니는 오랫동안 할머니 병 수발을 드셨어요. 완고한 할머니를 인내로 돌보셨죠. 할머니 장례식 때 상주 인사말을 하면서 아버지께서 '어머니를 헌신적으로 돌봐준 아내에게 진심으로 감사합니다. 여보 고마워' 하고 말씀하셨을 때 어머니와 저는 울음을 터뜨리고 말았어요. 온갖 고단함과 억울한 마음이 눈 녹듯이 풀렸어요. 가족에게 듣는 감사의 말보다 더 나은 위로는 없는 것 같아요."(35세)

맞는 말이다. 간병만 그런 게 아니다. 가족 간에도 감사의 표현은 중요하다. 마음만 가지고는 안 된다. 쑥스러워도 입밖에 내어 말하지 않으면 전해지지 않는다. 부부는 본디 남이잖은가?

사람들 앞에서 말하기 거북하면 둘만 있을 때 하면 된다.

"치매에 걸린 시어머니를 9년 내내 집에서 돌봐드렸고, 돌아가시기 전 1년 간은 병원에서 간호를 했어요. 지극정성으로 모셨지만 며느리는 남이라며 곁을 주시지 않았어요. 그래도 제가 꿋꿋이 견딜 수 있었던 건 곁에서 저를 이해해준 남편과 아이들 덕분입니다. 장례식이 끝나고 둘만 있을 때 남편은 '당신 덕분에 어머니를 편히 보내드릴 수 있었어, 정말 고마워' 하고 눈물을 흘렸습니다. 여러 차례 시련을 겪으면서도 그때마다 가족과 부부의 정이 돈독해질 수 있었던 건 시어머니 덕분이 아닌가 싶어요."(47세)

큰 희생을 감수해야 하는 병 수발이라는 경험이 언짢은 기억으로 남지 않으려면 마지막이 중요하다.

"장례식은 기쁘게 치러져야 한다고 생각했어요. 힘들게 한 걸음 한 걸음 내딛는 마라톤 선수 곁에서 기운을 북돋아주며 골인할 수 있도록 도왔다는 그런 기분이에요."

힘들게 시어머니 상을 치른 주부의 사연이다.

역시 인생의 선배는 우리에게 뭔가를 남기고 가는 법이다.

060

노인문제, 가족만의 책임이 아니다

세상에는 병든 부모를 모시는 사람이 참 많은 것 같다.

칼럼 덕분인지 요즘 만나는 사람마다 "실은 우리 집도 그래요"라며 속사정을 털어놓는다.

매주 만나는 동료 한 사람도 그랬다. 처음 듣는 이야기였다.

왜 지금까지 숨기고 있었냐고 했더니, 묻지 않아서 말하지 않은 것뿐이란다.

자녀의 성장을 돌보는 육아와 달리 인생의 마지막 고개를 넘는 연로한 부모를 돌보는 일이라 드러내놓고 말하지 않은 기분은 이해한다. 하지만 그 때문에 정보

시간 다 됐으니
전 이만 가보겠어요.

그럼…   꾸벅

부족이라는 폐해가 생기는 거 같다. 대부분의 사람들이 사회보장제도의 일환인 간호보험 서비스를 이용하지 않는다고 한다. 서비스 이용 방법을 잘 몰라서, 혹은 이목을 꺼려서라는 의견도 있었다.

개중에는 노부모를 모시다가 쓰러져 입원한 주부도 있었다. 그래도 남편은 부모 병 수발은 힘 닿는 한 가족이 하겠다고 비장한 각오를 내비쳤다.

핵가족 사회이고 의료 기술이 발전해 수명이 늘어나면서 노환을 앓는 기간도 길어지고 있다. 이런 때일수록 활발한 정보 교환을 통해 간병 부담을 덜 수 있지 않을까?

'간호보험법'이라는 것도 시행되고 있다. 앞으로 노인 간병은 가족만의 책임이 아니라 사회적 지원 속에서 해결해 나갈 문제라는 의미다.

보험료를 내는 이용자와 이용자 예비군은 사회가 제공하는 서비스를 당당히 이용할 권리가 있다.

이용을 기피한다는 건 건강보험료를 내면서도 병원에 가지 않고 가족들이 병을 치료하는 것과 같다.

가족이 부담을 다 떠안고 필사적으로 간병에 매달리는 시대는 지났다. 이제 병간호도 아웃소싱으로 돌리는 시대다.

"시부모님이 편찮으시면 며느리이자 전문 간병인인 제가 돌보겠어요. 아직도 시집에 무료봉사하고 있다면 어서 간병인 자격증을 따서 사회에서 활동하세요. 월급을 받는다고 생각하면 고되다는 생각도 조금 덜 들지 않을까요?"(간병인, 44세)

이렇게 시대를 앞서가는 세련된 며느리도 있다.

PART 4

내 방식대로 산다!

061

유능하고 멋진 여자가 되리라!

유능한 여자가 되고 싶었다.

맡은 일은 뭐든 똑 부러지게 해내는 멋진 여자 말이다.

때마침 커리어우먼의 직업과 일상을 화보를 곁들여 특집으로 실은 여성지를 읽게 되었다.

어찌된 일인지 다들 영어로 된 직종이었다. 사무실 풍경으로 말하자면, 뉴욕 브랜드 정장으로 몸을 감싸고 책상에 살포시 걸터앉아 머그잔을 한 손에 든 채 서류를 훑어보고 있었다. 물론 빡빡한 일정에도 불구하고 개인적인 시간은 무리해서라도 만들어낸다.

그 시간에 무엇을 하냐면 스포츠클럽에서 땀을 흘리거나 화려하게 차려입고 클럽에서 친구들과 어울린다.

작업실 소파에 누워 잡지를 읽고 있던 나는 주제도 모르고 잡지에 실린 포즈를 따라해보기로 했다.

칼럼니스트도 영어로 된 직업이다. 첫 번째 관문은 통과.

다음은 커피다. 내 사전에 설거지라는 단어가 없는 관계로 늘 비치되어 있는 종이컵에 커피를 따른다.

그리고 별 대단한 서류랄 건 없지만 교정이라도 볼 요량으로 팩스로 온 서류를 손에 쥔다. 늘 그렇지만 어떤 일이든 흉내부터 내고 보는 스타일이다.

이제 엉덩이를 좀 걸쳐볼까 하고 책상으로 다가갔다. 하지만 책상 위에는 신문이나 잡지에서 오려낸 기사 조각들이 에베레스트산처럼 쌓여 있는 게 아닌가? 연필꽂이, 전화, 팩스, 프린터, 안경, 플로피디스켓, 마시다 만 커피가 든 종이컵으로 발 디딜 틈, 아니 엉덩이 들이밀 틈도 없었다.

손수건만 한 공간은 생기겠지 하고 팩스 용지와 커피를 에베레스트산 위에 얹고 책상에 얹힌 잡동사니들을 쑥 미는 순간, 아슬아슬하게 균형을 유지하며 쌓여 있던 산더미가 커피와 함께 와르르 무너지고 말았다.

유능하고 멋진 여자가 되는 길은 멀고도 험하다. 지금도 커피 냄새가 진동하는 책상에 앉을 때면 뼈저리게 느낀다.

인생 설계니 뭐니 떠들어댄 주제에 한심한 꼴이다.

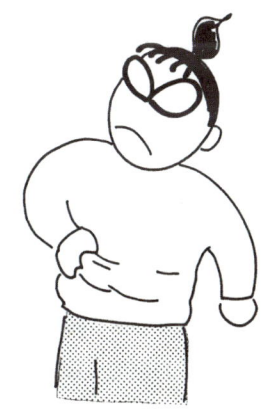

먼저 쓸모없는 걸
버려야 해!!
특히 이 뱃살…

062

반 잔 남은 물, 단숨에 들이켜고
한 잔 더 청하는 작전

여성이 직장을 다니기란 상상 이상으로 힘들다.

"올 2월에 저 역시 장래성이 없다는 이유로 직장을 그만두었어요. 마흔둘의 나이지만 저 같은 사람을 보고 스물아홉 여성들이 직장을 그만두는 건지도 모르겠어요. 남자 직원들 못잖게 열심히 일했지만 남자 상사에게 시달리다보니 직장에 붙어 있을 수가 없더군요. 직장 생활은 신물이 납니다. 지금은 소호 창업을 목표로 준비하고 있어요."

몸부림치다 막다른 길에 내몰린 사람이 여기에도 한 명. 남성 사회라고 불평해본들 문제는 해결되지 않는다. 내 미간에는 마리아나 해구보다 깊은 골이 패기 시작했다.

그러나 이렇게 몸부림을 칠 수 있다는 건 그만큼 유연하다는 말 아니겠냐는 낙관적인 의견도 있었다.

일리 있는 말이다. 지나치게 비관적으로 생각했을 수도 있다.

물이 반쯤 든 컵을 보고 반밖에 안 남았다고 한탄하기보다는 반이나 남았다고 생각하면 된다. 아니, 좀더 유연하게 생각한다면 단숨에 들이켜고 몇 번이고 리필하는 작전도 있다. 생각이 여기에 미치자 기운이 솟구쳤다. 여자라면 이 정도 배포는 있어야지!

후쿠오카에서 한 살배기 아이를 두고 다음달에 복직하는 육아휴직 중인 주부(28세)는 기대에 부풀어 있다.

"남편이 지방으로 전근을 가게 되었어요. 혼자 아이를 어린이집에 맡기고 데려와야 하는 데다 직장 다니랴 집안일 하랴 힘들 거라 생각해요. 하지만 일이든 육아든 열심히 노력하다보면 빛나는 인

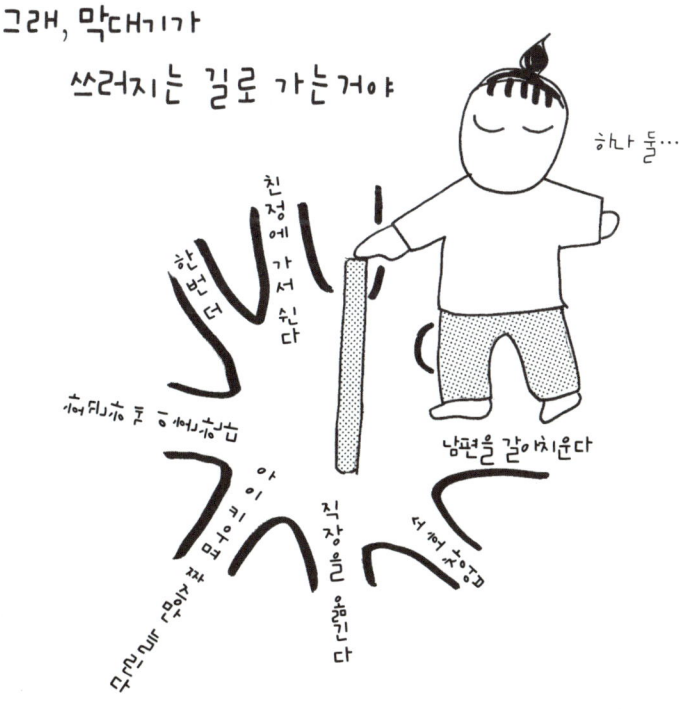

생이 될 거예요. 앞으로도 일관성 있는 몸부림을 쳐볼 작정입니다."

도시에는 육아 지원 사업 같은 다양한 공공 서비스가 있으니 휴직 중에 잘 알아보길 바란다. 거북이보다 느리긴 하지만 사회제도는 조금씩 정비되고 있다.

그런데 이런 지원 제도가 잘 갖추어지면 어떻게 될까?

딸을 탁아시설에 맡기면서 이혼하는 부부를 여럿 보았다는 41세 시간제 근무 주부에게서 온 편지다.

"이유를 물었더니 한결같이 '복직한 뒤에도 남편은 아무것도 도와주지 않는다. 자기 생활을 바꿀 마음도 없다. 이미 애정도 식었고 혼자서도 아이를 키울 만하다. 그러니 더 이상 남편과 같이 살 의미가 없다'는 대답이었어요. 우리 집도 같은 사정으로 이혼했어요. 아마 여성이 계속 직장을 다닐 수 있도록 사회제도가 정비된다면, 자립 못하고 버림받은 남편들이 처치 곤란한 대형쓰레기처럼 넘쳐나겠지요."

남자들이여, 버림받을까 봐 두려워서 일부러 여자들이 일하기 어렵게 만드는 건 아닌지?

063

여름방학, 주부의 역습이 시작된다

논쟁에 열을 올리다보니 어느새 여름방학이다.

몇 밤을 더 자야 신학기란 말인가? 방학이 시작되자마자 끝날 날만 목 빼고 기다리는 주부들이 얼마나 많을까?

하지만 갈 길은 멀다. 기운 내자!

전업주부 시절, 자녀들이 어렸던 탓에 여름방학이면 녹초가 되곤 했다. 아침밥 해 먹이고 청소하고 빨래하면 어느새 점심. 혼자라면 아침에 먹다 남은 걸로 대충 때우겠지만 그럴 수도 없는 노릇이다. 국수나 편의점에서 사온 도시락만으로는 영양 면에서 균형 잡힌 학교 급식을 당해낼 도리가 없다. 쌓여가는 자책감…….

아이들 친구가 집에 놀러오는 건 좋지만, 온 데 과자 부스러기를 흘리고 다니지 않나 기름 묻은 손으로 물건을 만져서 집안이 다 끈적끈적하다. 얘들아, 이제 좀 그만해주라.

보통 때라면 텔레비전을 보며 여유 있게 낮 시간을 즐겼을 것이다. 무더위까지 한몫 거드니 마침내 폭발. 애꿎은 아이들에게 화풀이를 해댄다.

전업주부의 특권인 여유 있는 점심 약속이나 문화센터도 여의치 않다. 장보러 갈 때도 아이들을 달고 나가면 시간과 수고만 더하고 돈만 잔뜩 쓰게 된다. 그래서 여름방학에도 매일 혼자 외출할 수 있는 직장 다니는 엄마들이 부러웠다.

하지만 그 입장이 되고서야 알았다. 출근 때마다 "어디가?" "점심 때 뭐 먹어?" "몇 시에 와?" "왜 오늘은 늦게 오는데?" 하고 꼬치꼬치 물어대는 아이들이 꼭 잔소리 많은 마누라처럼 성가시다.

혼자 두고 나가기 애처로운 나이라면 귀엽기나 하지, 입에 지퍼라도 달아주고 싶은 기분이었다. 집에만 오면 말수가 줄어드는 남편 기분을 조금 이해할 것도 같았다.

그래서 이번 여름에는 아이들에게 집안일을 가르쳐서 사정없이 부려먹으리라고 각오를 단단히 했다. 노동에 대한 대가를 지불할 의향도 있지만, 과연 교육적으로 바람직한 일일까? 하긴 요새 아이들이라면 그렇지도 않을 것 같다. 한술 더 떠서 값을 흥정하려 들지도 모른다.

살림하는 주부로서 자부심을 느낀다고 선언한 자존심파 주부들은 지금쯤 24시간 영업이라는 본업에 충실하며 구슬땀을 흘리고 있을 것이다.

여름방학,
아이들 눈치 보느라
낮잠도 못 자고…

일과인

064

엄마들의 알력, 시누이 문제

여름방학 전반전, 즐겁게 지내는 분이 많은 모양이다.

"여름방학에 녹초가 되다니 말도 안 돼요. 매일 아침 5시 반에 일어나서 6시 반부터 자원봉사로 동네 라디오체조 모임 출석 체크를 해요. 집에 돌아와서 아침식사 준비하고 남편 출근시키고 나면, 평소 아침 일과에 더해 아이들 돌보고 청소에 쫓기는 나날. 아이들이 다 크고 나면 하고 싶어도 못하는 일이니 즐겁게 합시다!"(전업주부, 34세)

머리로는 이해가 간다. 머리로만 말이다.

여기 여름방학 만세를 외치는 주부가 또 한 명 있다. 여름방학 덕분에 개인적인 시간을 누릴 수 있게 되었다는 두 살, 다섯 살, 일곱 살의 세 자매를 둔 엄마다.

"유치원이다 학교다 학원이다 얼마나 일정이 빡빡한지 신경이 바짝 곤두섭니다. 방학 때는 버스 시간이나 등교 시간 맞추느라 동

소원
명절에 시댁에
안 가게 해주세요
아멘 아멘

P.S. 맏며느리의 새해 소망

익명을 희망하는

하는 김에 나무아미타불…

동거릴 필요도 없고, 일찍 재우려고 승강이를 벌이지 않아도 되는 데다 언니들이 막내를 돌보니까 편해요. 아이 때문에 아는 척하고 지내야 하는 달갑지 않은 엄마들을 안 만나도 되니 얼마나 홀가분한지 몰라요. 3년이니까 참는 거지, 매일 아침저녁으로 등하교 시간에 얼굴 보는 일이 고역이었거든요."

소위 말하는 엄마들 간의 알력인가? 이래저래 복잡한 인간관계가 얽혀 있는 모양이다. 방학 동안 재충전해서 잘 이겨내기 바란다.

이 주부의 경우는 아이가 유치원 졸업할 때까지만 참으면 되지만 인간관계, 특히 친척 간에는 그럴 수도 없다.

그 때문에 피곤한 사람들도 적지 않을 것이다.

예를 들면 '맏며느리가 그렇다.'

시부모를 모시고 사는 집인 경우 명절 때는 거의 죽음이라고 한다. 더구나 시누이가 아이들도 모자라 애완동물까지 데려오는 날에는 눈이 돌아갈 지경이다.

시누이 자신도 한 집안의 며느리이면서 친정 나들이 때면 딸로 돌변해 손에 물 한 방울 묻히려 들지 않으니 말이다.

게다가 자식은 팽개치고(대개 말도 못하는 개구쟁이다) 시어머니와 둘이서 백화점 쇼핑에 여념이 없다. 큼직한 종이가방을 잔뜩 들고 집에 돌아와서는 "아 피곤해. 언니, 나 차 한 잔 맛있게 만들어줘요"란다.

정말이지……. 열 받는다느니 꼭지가 돈다는 말이 절로 나온다.

잠깐, 이 시누이는 완전히 나잖아‼

065

잠시 편하려다 치르는 엄청난 대가

추석 연휴에 아이들을 시댁에 맡기고 잠깐이나마 마음 편히 쉬려는 엄마도 많을 것이다. 아이들 역시 게임 그만하고 숙제 좀 해라, 탄산음료말고 보리차 마셔라, 일찍 자라 등등 별일도 아닌데 눈꼬리 치켜세우고 잔소리해대는 엄마에게서 벗어나 홀가분할 것이다.

그리고 손자가 오기만 손꼽아 기다리는 할아버지 할머니.

얼핏 보면 3박자가 척척 맞아떨어지는 것 같지만 막상 명절이 지나고 나면 그렇지도 않다. 할아버지 할머니 집에서 아이들은 목 마르면 좋아하는 탄산음료를 마실 수도 있지, 먹고 싶은 것만 골라 먹어도 잔소리 들을 염려 없지, 게임만 해도 말리는 사람도 없는 데다, 밤새 놀아도 된다. 할아버지 할머니는 장난감도 원 없이 사준다. 엄마라면 어림도 없을 만화영화 캐릭터가 인쇄된 티셔츠나 샌들도 기꺼이 사준다.

엄마의 압제 속에 살던 아이들에게 이곳은 천국이다.

그리고 며칠 후. 아이를 데리러 간 엄마는 자식의 변화된 모습에 뒤로 나자빠지고 만다. 신경 써서 골라 입힌 세련된 옷은 만화영화 캐릭터로 칠갑한 옷으로 바뀌고, 미장원에서 자른 예쁜 앞머리는 눈썹 위 3센티미터로 가지런히 정리되어 있다.

"앞머리가 눈에 들어갈까 봐 잘라줬다"라며 자랑스레 말하는 할머니. 식탁에는 알록달록 색색가지 불량식품과 탄산음료가 널려 있다. 식품을 고를 때 신조로 삼던 유기농, 무색소, 건강, 칼슘 같은 단어들이 뇌리에서 무너져 내린다.

고맙다는 인사도 하는 둥 마는 둥, 아이를 끌고 서둘러 시댁을 나선다.

잠깐 편하자고 든 결과, 할아버지 할머니가 망쳐놓은 아이들 버릇을 바로 잡아야 하는 엄청난 대가를 치러야 한다. 생활 리듬을 되돌려놓기란 쉬운 일이 아니다.

"여긴 할아버지네가 아니란 말이야." 집으로 향하는 길에 엄마와 아이들은 한바탕 말다툼을 벌인다. 그리고 손자를 무사히 돌려보낸 조부모는 피로에 지쳐 드러눕고 만다.

결론은 셋 다 고통만 나누어 가진 셈이다.

그래도 이것이 '여름의 추억'이란 거다.

066

할아버지 할머니의
쌈짓돈을 노리는 손자의 음모

출산을 기피하는 풍조 탓에 아이 하나에 지갑 여섯이라는 말이 생겨나고 있다. 부모와 친가 외가의 할아버지 할머니에게 타내는 용돈을 이르는 말이다. 특히 할아버지 할머니의 지갑은 더 허술하다.

세월이 흐르면서 손자는 할아버지 할머니 쌈짓돈 타내는 요령을 터득하게 된다.

큰 아들이 초등학교 다닐 때 일이다. 녀석이 할아버지 할머니에게 생일선물을 내년 것까지 당겨서 한몫에 달라고 떼를 썼다. 2년치 선물을 요구한 셈이다. 그리하여 예년 선물을 능가하는 고가의 스테레오 세트를 손에 넣었다.

물론 이듬해 생일 때도 녀석은 시치미 뚝 떼고 선물을 요구했다.

손자의 악행은 여기서 끝나지 않았다. 생일선물 목록을 만들어 할아버지 할머니에게 돌리려는 꿍꿍이었다. 친가와 외가 할아버지 할머니들이 목록을 돌려보며 금액을 적도록 한 것이다.

얼마나 일목요연한 목록이었던지……. 할아버지 할머니들 사이에 경쟁심을 부추기는 고도의 심리테크닉이었다.

파렴치한 짓이라고 따끔하게 타일렀지만 녀석은 "귀여운 손자니까 괜찮아"라며 뻔뻔하기 그지없었다. 결국 이 작전으로 녀석은 생일선물로 거금의 용돈을 타냈다.

그런 녀석이 올 봄부터 도쿄에서 자취 생활을 시작했다.

나도 대학 다닐 때는 당연하다는 듯이 생활비를 타 썼다. 하지만 자식에게 부치는 생활비가 만만치 않은 부담임을 부모 입장이 되어서야 깨달았다. 생활비를 부칠 때마다 아무리 자식에게 투자해도 돌아오는 건 없다고 투덜대면서…….

자취 생활을 시작한 지 얼마 안 되어 녀석은 월말이 되기도 전에 용돈이 떨어졌다고 우는소리를 했다. 처음 해보는 자취 생활이라 돈 쓰는 요령을 몰라서 몇 달은 고생스럽겠지만, 그렇다고 응석을 받아줄 수는 없다. 세상살이의 고단함을 깨우쳐줄 요량으로 혼자 해결하라고 냉정하게 거절했다. 그런데 요즘 들어 용케 징징대지 않아 이상하다 싶었더니 친정 부모님께서 몰래 통장을 만들어 녀석에게 돈을 부치고 계셨던 모양이다.

아이 버릇 망친다고 부모님을 나무라자 "네가 그만큼 효도하면 되잖니. 부모 주머니도 마를 날이 있다는 걸 알아야지" 하고 도리어 꾸중만 들었다.

어디 돈 생길 데 없나…

067

딸과 며느리의 귀성길

추석에 친정에 다녀왔다. 친정집은 차로 한 시간 거리다. 풀방구리에 쥐 드나들 듯 하다보니 당연히 빈손이었다. 부모님 앞으로 온 추석 선물을 헤집어놓고 무엇을 가져 갈지 품평을 한다. 집에 돌아갈 때는 언제나 쌀, 된장, 맥주, 생수 등으로 자동차 트렁크가 비좁다. 그것도 모자라서 냉장고에 든 고기며 야채, 과일, 정원에 있던 화분까지 몽땅 챙기노라면 등 뒤에서 엄마의 탄식이 들려온다.

"우리 때는 명절이면 친정에도 선물을 챙겼는데. 친정 나들이 길에는 뭐라도 사 들고……."

늘 하시는 잔소리쯤으로 여기고 "나를 이렇게 키운 게 누구더라?" 하고 쏘아붙였다.

그건 그렇고 여기서 한 가지 의문이 든다.

부모 자식 간에도 명절 선물을 챙겨야 하나?

결혼한 지 2년 된 친구 여동생의 사연을 들어보자.

아이도 태어나고 해서 올 추석 때 처음으로 시댁에서 하룻밤을 머물렀다. 식사 준비를 거들려고 해도 어디에 뭐가 있는지 모르는 터라 허둥지둥. 여기저기 함부로 열어보고 서랍을 뒤지는 것도 뭐해서, 식칼이며 소쿠리며 젓가락의 소재를 일일이 시어머니에게 물어야 했다.

평소에 넉살좋은 그녀도 이날만큼은 소심한 며느리가 될 수밖에 없었다.

그날 저녁. 먼저 씻으라는 시어머니 말에 사양하는 것도 도리가 아니다 싶어서 아기와 함께 목욕탕에 들어갔다. 받아놓은 목욕물에 들어갈 용기가 나지 않아 물을 떠서 대충 샤워만 하고 서둘러 나왔다. 한데 거실에 수박 껍질이 수북한 게 아닌가? 자기만 빼고 시댁 식구들끼리 오붓한 한때를 연출하고 난 잔해였다.

평소 수박을 좋아하던 그녀의 충격은 이루 말도 못했다. 남편도 아내가 수박을 좋아한다는 사실은 알고 있었을 터.

그 순간 그녀는 이 집에서 자신은 남이라는 사실을 뼈저리게 느꼈다고. 그러다가 한밤중에 목이 말라 눈을 떴단다. 하지만 남의 집 냉장고를 멋대로 열기가 뭐해서 가벼운 탈수증까지 일으켰다고 한다.

여기서 그녀의 질문이다.

앞으로 시댁에 묵지 않아도 될까요?

068

명절이 두려운 며느리들

'딸과 며느리의 귀성길'에 대한 편지를 소개하겠다.

우선 부모 자식 간에 명절 선물이 필요한가에 대한 의견이다.

"결혼할 때 엄마가 당부하셔서 양가에 명절 선물은 꼭 챙깁니다. 귀찮거나 경제적으로 부담스러울 때도 있지만 돈이나 수고의 문제가 아니라고 생각해요."(결혼 7년차 주부, 35세)라고 자랑스레 의견을 보내주었다.

디스 이즈 관습. 명절 선물을 챙기는 며느리를 훌륭하다고 여기는 예법을 중시하는 세상은 이런 며느리에게 칭찬을 아끼지 않으리라.

경제적 부담을 덜어주려는 친정 부모님의 배려로 시댁에만 명절 선물을 하는 경우가 있는가 하면, 시댁에만 명절 선물을 보내기 억울해서 빠듯한 살림이지만 친정 부모님께도 꼭 보낸다(27세)는 고통 분담형도 있었다.

그리고 친정엄마가 말려도 남편이 장모 앞에서 기죽지 않도록 꼭 챙긴다(38세)는 허세형도 있었다. 이 주부는 남편이 개의치 않는다면 굳이 친정 선물까지 챙길 필요는 없다고 말한다.

형식에 얽매이지 말고 생일선물 같은 걸로 대신해도 된다는 의견도 많았다. 그러나 내심 한 번이라도 좋으니 딸에게 명절 선물을 받아보고 싶다는 어머니도 있었다.

그렇다면 부모 자식 간에 터놓고 이야기해보면 어떨까? 마음만으로 충분하다고 말씀하시지……않을까?

친정 부모님 앞으로 온 명절 선물을 모조리 쓸어온 내 행동에 대해서는 부모 자식 간에도 예의를 지켜야 한다고 나무라는 분들이 많았다. 가끔은 작은 선물이라도 사 들고 가야겠다는 생각이 들었다.

전편에 소개한 친구 동생의 질문에 관해.

시댁 냉장고 문도 마음대로 열지 못하고 탈수증을 일으켰다며 앞으로 시댁에서 자고 오지 않아도 되느냐고 질문한 데 대한 대답은 NO였다.

시집에서 자고 오지 않겠다고 했다가 남편에게 한 소리를 들었다는 주부도 있었다.

이 난국을 극복한 독자들의 지혜를 배워보자.

무지무지 큰 녀석이다!

명절, 신나게 즐기자구요♬

069

현명한 주부의 시댁 나들이 요령

시댁에서 냉장고 문을 열지 못해 탈수증을 일으킨 며느리의 사연에 대해 수돗물이라도 마시고 시부모님과 잘 지내라는(60세) 의견도 있었다. 시댁에서 자고 오지 않아도 되느냐는 질문에 대해서는 자고 와야 한다는 대답이 대다수였다. 기분 나쁘다고 그렇게 행동하는 건 어른스럽지 못하다는 의견이었다.

한 독자(결혼 5년차 주부)의 비법을 공개하겠다.

시댁에 내려가지 말자고 했다가 남편에게 불벼락을 맞았다는 사연이다. 남편이 얼마나 시댁에 가고 싶어하는지 알고나서는 포기했다고 한다. "시댁에 내려가서 시어머니께 살가운 며느리 행세를 하며 지냈어요. 아기를 안아달라거나 큰아이 간식을 챙겨달라고 부탁한 뒤 저녁밥을 지었어요. 또 시어머니 곁에 붙어 앉아서 이야기를 들어드리고 호들갑스레 맞장구를 치며 갖은 비위를 다 맞추다 돌아왔어요. 정말이지 올해도 파김치가 되었어요. 남편과 의좋

게 살려면 감내해야 할 고생이
긴 하지만 귀찮아 죽겠어요. 한
식구가 되기 위해 철저히 좋은
며느리 연기를 한 셈이지요. 모
쪼록 며느리 여러분의 행운을 빕
니다."

속 시커먼 고양이
Cats 롱런 중

극단
며느리

얌전빼는 며느리 대활약. 그 정체는…

매진 예감… 서두르세요

PIA

고생 많으셨어요. 연기가 너
무 리얼해서 앙코르가 없기를 기
원합니다. 반대로 시댁 나들이가
즐거웠다는 사람도 있었다.

"밥도 다 차려주시지 시부모
님과 시누이가 아이들도 다 봐주
시지, 집에 있을 때보다 더 편해요."(32세)

식사와 베이비시터가 딸린 휴양지나 다름없다. 식비도 굳고 말
이다. 어리광을 제대로 부릴 줄 아는 사람이다.

어리광을 받아주는 쪽에서도 기껍다면 해피엔드.

혼자 시댁 나들이에 빠지는 재치 있는 방법도 있다.

명절에도 출근한다는 핑계로 남편과 아이만 시댁에 보내고 혼자
유유자적. 연휴에도 일을 한 덕분에 동료들에게 감사의 말도 들었
다니, 그야말로 일석삼조다.

남편은 남편대로 아내는 아내대로 각자의 집에 다녀오는 이산가
족형 귀성 제안도 꽤 있었다. 풍파를 일으킬 용기가 있다면, 다음
번 귀성 때 참고하시기 바란다.

070

집안일 시키기 대작전, 엄마의 복수

원체 집안일이라면 질색하는 나는 여름방학 초에 밀려만 가는 집안일에서 벗어나고자 아이들에게 집안일을 가르쳐서 호되게 부려먹겠다고 선언했었다.

그 후 아무 일도 없었다는 듯 떼먹고 지냈는데, 한 남성(34세)에게서 아이들을 동원해 집안일에서 벗어나겠다던 작전은 어떻게 되었냐는 편지까지 받고 보니 보고 드리지 않을 수 없다.

결과부터 말하자면 처참하게 무너지고 말았다.

돌이킬 수 없는 실수를 하고 만 것이다.

집안일 좀 거들라고 해도 아이들(중3 남자애, 고2 남자애)은 바쁘다며 게임기 앞에서 꼼짝도 하지 않았다.

하는 수 없이 돈으로 꾀었다.

"설거지해주면 2,000원 줄게."

어리석은 엄마를 용서하기 바란다. 「잠깐」 코너에 투고하는 현모양처의 손톱의 때라도 먹으라면 먹겠다.
그러나 아이는 한 수 위였다.

　"5,000원 주면 생각해볼게."

　"3,500원 이상은 못 줘."

　이렇게 협상은 결렬되고 말았다.

　5,000원이나 주고 시키느니 내가 하
고 말겠다고 혼자 투덜대며 요란스레 설거

지를 했다. 그런데 뭔가 좀 이상하다는 생각이 들었다. 5,000원이
비싸다는 건 설거지를 5,000원의 가치도 안 되는 노동으로 여긴다
는 말이 아닌가! 고맙다는 말을 들어도 모자랄 판에 가사 노동을 그
렇게 헐값에 팔아넘기다니 안 될 말이다!

　똑똑하게도 이 사실을 깨달은 나는 즉시 작전을 변경했다. 약속
을 어길 때마다 벌로 집안일을 거들게 한 것이다. 어차피 매일같이
약속을 어기니까.

　이로써 나는 가사에서 해방되리라 확신했다. 종류는 설거지, 빨
래 널기, 욕실 청소 이렇게 세 가지로 정했다. 그랬더니 "내일 오늘
것까지 한꺼번에 할게요"라며 그날그날의 벌칙을 얼렁뚱땅 떼먹으
려 드는 게 아닌가.

　나도 며칠은 참았다. 하지만 쌓아놓은 설거지통에 곰팡이가 피
고 빨래에서 악취가 풍기기 시작하자 분노가 폭발했다.

　"다 그만둬! 앞으로 너희들에게 부탁하면 내 손에 장을 지진다!!"

　집안일 하나 변변히 못하는 남자를 여자들이 거들떠볼 줄이나
아니? 흥, 이게 엄마의 복수다.

설거지는 5000원 보다 쌀까 비쌀까?

175

071

주책엄마 신바람엄마

다시 유치원 2학기가 시작되었다. 유치원 버스가 도착하는 아파트 현관에서는 아침저녁으로 엄마들의 패션쇼가 펼쳐진다고 한다.

"한 층만 내려오면 아파트 현관인데 부츠에 반소매 스웨터(같은 색 머플러와 세트인) 차림의 엄마에다, 디올 앞치마에 하이힐을 신은 엄마까지……. 하이라이트는 아침부터 온몸을 명품으로 휘감은 엄마예요. 한데 저녁 의상은 또 달라요. 매일 보는 게 괴롭지만 새로 산 아파트라 이사도 못 가고 참고 살아요."

아이가 어릴 때는 매일 후줄근한 트레이닝 차림에다 부스스한 머리로 침에 똥에 범벅이 되어 지낸다. 그러다 아이가 유치원 들어가서 손이 덜 가게 되니 오랜만에 화장도 하고 예쁘게 차려입고 싶은 엄마의 마음을 이해 못하는 것도 아니다.

이렇게 말하는 나 또한 그런 경험이 있다.

여러 해 동안 사회와 담쌓고 지내다보면 사회 감각을 잃게 된다.

기껏 아이 데리러 유치원에 가면서 꽃단장을 하고 귀걸이에 팔찌까지 장착하고는 구두굽 소리 요란하게 집을 나섰던 것이다.

잊고 지내던 내면의 여자를 한껏 드러내고 싶은 것이다.

얼마 지나면 정신을 차리니 웃으며 지켜보기 바란다.

그런 엄마들만 있는 건 아니다.

"놀이터에서 아이들 흙 놀이 장난감을 빌리고 빌려주고 하다가 친해져서 아이를 데리고 서로 집을 오가게 되었어요. 아이가 울어대거나 장난감을 놓고 싸우는 그런 사소한 일 때문에 서먹서먹해지곤 하는 긴장감 넘치는 사이죠. 아이가 유치원에 들어가면서 여유도 생기고 해서 유치원 엄마들 배구 모임에 참가했습니다. 나중에는 아이 얼굴보다 엄마 얼굴이 먼저 떠오를 만큼 친해졌어요. 여름방학 끝날 무렵에는 기념으로 함께 술도 마시러 갔어요. 결혼 후 처음 술자리에 어울린다는 사람도 많았습니다. 엄마들끼리 마련한 모처럼 유쾌한 술자리였어요."(37세)

계속 좋은 친구로 남으시길……

기껏 쓰레기 버리러 가면서 저렇게 요란한 차림을 하다니

소각용 쓰레기

177

남의 집 일에 참견하지 말자

유난히 식품에 까다로운 엄마가 있다.

우리 아이는 100퍼센트 원액 주스만 먹인다느니 과자도 화학 첨가물이 들어 있는지 따져보고 먹인다느니 저온 살균된 우유 아니면 안 먹인다느니…….

슈퍼마켓 알뜰 구매 코너에서 파는 식품으로 식단을 짜는 나로서는 흉내도 못 낼 일이다.

물론 집에서만 그렇다면 굳이 상관할 일은 아니지만 말이다. 유치원 다니던 아이 생일 파티에 그런 집 아이를 초대한 적이 있다. 한데 그 엄마가 아이를 보내며 식품 주의 사항을 일러주는 것이다.

알레르기 때문에 음식을 가려 먹어야 하는 경우라면 또 모른다. 얼마나 고급으로 먹고사는지 몰라도 남의 집 음식을 가지고 이래라저래라 주제넘은 소리를 하다니…….

남의 가정에 자기 가정의 신념을 강요해서는 안 된다. 심사가 뒤

틀렸다.

그렇게 신경 쓰이면 주스나 과자를 준비해오면 될 게 아닌가? 초대하지 말까 하는 생각까지 했다.

이러면 안전하겠지!

항균복

하지만 나도 어른이다. 대수롭지 않은 일로 풍파를 일으키고 싶지는 않았다. 그래서 그 집 아이를 위해 생일 상에 따로 자연식품 전문매장에서 사온 100퍼센트 주스와 화학첨가물이 들지 않은 과자 등을 내놓았다. 물론 다른 아이들을 위해서는 탄산음료와 감자 칩 같은 정크 푸드를 준비했다.

그런데 맨 먼저 정크 푸드에 달려든 아이는 바로 자연식 엄마네 아이였다. 아이는 서슬이 퍼래서 게걸스레 과자를 먹어댔다. 다른 아이들은 쭈뼛거리며 손도 대지 못했다. 일단 그 아이에게 주의는 주었다. 나중에 아이 엄마가 왜 그런 음식을 먹였냐고 따지고 들면 귀찮아지기 때문이다.

그러나 정신없이 과자를 먹는 모습을 보니 가여운 생각이 들었다. 정크 푸드만 먹여서도 안 되겠지만 자연식만 고집하는 것도 문제가 있다.

유치원생 정도라면 완벽한 식생활 관리도 가능하지만, 아이가 자랄수록 통제하기가 힘들어진다. 그때가 되면 억눌려온 반동이 한꺼번에 튀어나오지 않을까?

여자의 적은 여자?

관혼상제 중에서도 장례식에 있어서 여성의 지위는 실로 취약하다고 한다.

"아버지가 돌아가시고 7년 동안 저희 집에서 친정 어머니를 모셨어요. 어머니가 돌아가시고 장례식에서 있었던 일입니다. 일곱 형제 중 가족 대표로 나서 추모인사를 하겠다는 사람이 없었어요. 서로 미루며 옥신각신하기에 막내인 제가 하겠다고 나섰어요. 그러자 올케들이 여자가 추도사를 하는 법은 없다며 남자가 하는 게 상식에 맞다는 거예요. 결국 다섯째 오빠가 하게 되었죠. 하기 싫어하는 사람보다는 고인의 생전 모습을 잘 아는 사람이나 고인을 대신해 조문객에게 감사 인사를 드리고 싶은 사람이 추모사를 하는 게 낫다고 봅니다. 여러분 생각은 어떠세요?"(회사원, 50대)

이 주부는 어디 여자가 나서냐는 말에 군소리 못하고 물러난 걸 자책하고 있다. 그녀가 추모사를 하면 장례식을 망치기라도 한단 말

인가? 그럴 리 없다. 돌아가신 어머니도
기뻐하셨을 게다. 고인이 원하는
사람, 곁에서 고인을 가장 잘 이해해
주었던 사람이 추모사를 하는 게 옳다.

상식은 뭐고
보통은 또 뭐야?

상식이
어쩌고
…
보통이
어쩌고
…

그렇다면 왜 그녀는 추모사를 못한
걸까? 올케들이 반대하지 않았다면
오빠들도 누이동생이 추도사를 하는
데 의외로 선선히 찬성했을지 모른다.
내 상상이지만 말이다.

형식을 중요시하고 여자를 무시하는 건 정작 우리 여자가 아닌
가 싶다. 이 주부의 올케들을 보면서 반성하게 된다.

장례식은 다른 예식에 비해 복잡하지만 핵가족 사회다보니 별로
경험할 기회가 없다. 더구나 긴급한 상황이어서 전문가인 장의업
자가 하자는 대로 할 수밖에 없다. 한데 장례업자의 의견이 절대적
인 것일까?

이런 아픈 경험을 한 사람도 있다.

"여자는 출가외인인 걸까요? 친정 아버지 장례식 때 엄마와 동생
이 상주를 맡았어요. 친족 대표로는 남편 이름이 올랐고요. 장의업자
말로는 딸이 결혼을 했을 경우 보통 사위 이름을 대신 올린다고 하더
군요. 7년이 지난 지금도 이해가 가지 않습니다. 여자는 시집을 가면
자기 이름으로 부모 장례식도 모실 수 없나요?"(주부, 41세)

'보통'이라는 말에 약한 우리. 장례식 매뉴얼을 뜯어고칠 수만
있다면 '마음으로 모시는 장례식'을 당당히 치를 수 있으련만.

181

074

보통과 상식에 휘둘리지 말자

장례식에서 하는 추모사는 '상식'적으로 남자가 하고, 결혼한 딸의 경우 감사장에 오르는 이름은 '보통' 남편 이름이란다.

부모의 장례식 때도 앞에 나서는 여자는 미움을 받는다.

특히 관혼상제에는 이 보통과 상식이 만연한다.

결혼식인 경우에는 당사자가 살아 있어서 충분히 협의가 가능하고, 마음만 먹으면 몇 번이고 결혼식을 치를 수 있다. 학습 기회도 많고 본인이 원하는 바를 밀어붙일 수 있는 여지도 있다.

반면 장례식 때는 본인이 말을 할 수도 없는 노릇이고, 가족들에게는 긴급 사태인 데다 인생에 단 한 번뿐인 행사다.

경험도 부족하니 대개 전문 장의업자에게 맡기고 만다. 고인을 떠나보내는 가족들이 이러저러하게 하고 싶다고 바람을 말해도 장의업자가 반대하면 물러설 수밖에 없다.

"아버지 장례식을 치를 때 어머니가 상주셨어요. 안내장이나 감사장에도 결혼한 언니와 제 이름을 넣었습니다. 남편 이름은 아무데도 쓰지 않았죠. 친족 대표 추모사는 어머니가 싫다고 하셔서 숙부가 하셨어요. 하지만 가족 인사를 꼭 넣고 싶어서 출관 전에 언니가 나서서 했어요. 식순에는 없었지만 억지로 넣었습니다. 장의업자의 '보통'에 따르기보다는 유족의 마음을 위로하는 게 더 중요하다고 생각했거든요. 간곡히 말하면 장의업자도 이해해줄 거예요."(주부, 37세)

"장례식 때 상주인 어머니 이름 옆에 3형제 이름을 나란히 올렸습니다. 장의사는 처음 있는 일이라며 싫은 소리를 했어요. 재산 싸움이라도 벌이냐고 묻는 친척도 있었어요. 어이가 없어서 웃음이 다 나더군요. 사십구제 때 6년간 아버지를 간병하신 어머니에 대한 글을 인사장에 동봉했습니다. 인사장을 받으신 분께서 읽으면서 눈시울이 뜨거웠다고 하시더군요."(학원교사, 49세)

마지막으로 장의업자의 한 마디.

"여러분이 생각하시는 것보다 장례식은 융통성 있게 치러집니다. 앞으로는 가족들의 의사를 충분히 표현해주세요."

고인에게 장례식은 인생 최대의 행사다. 입회를 못해서 아쉬울 따름이다. 남겨지는 가족들에게 맡기는 것도 나쁘지 않지만, 자신의 장례식을 어떻게 치를지 미리 생각해두는 것도 괜찮을 듯하다.

075

시부모 모시는 일 제사 문제,
어떻게 생각하세요?

장례식이나 제사에 관한 상상은 왠지 불길한 느낌이 들어 꺼려지게 마련이다. 하지만 의사 결정을 분명히 하는 사람도 있다.

"결혼 20년째입니다. 맏며느리로서 시골에서 시부모를 모시고 살고 있지만, 아직까지 선산에 가본 적이 없어요. 죽어서 시댁이나 친정 선산에 묻힐 생각이 없다고 스님에게도 말해두었어요.(일본에서는 불교식으로 장례를 치르는 경우가 많은데, 이때 스님이 장례를 주관한다—옮긴이) 제 장례식은 어떤 종교 의식에도 따르지 말고 화장해서 뿌려달라고 일러두었어요. 죽고 난 뒤에도 사십구제 같은 법사는 하지 말라고 유언을 남겼습니다."(자영업, 43세)

용기 있는 행동이다.

그러나 대부분은 갈팡질팡하고 있다.

"남편 부모님이 반대하는 결혼을 했어요. 명절 때도 남편 혼자 찾아뵙습니다. 그런데도 나중에 가족묘에 묻혀야 한다니 정말 싫

어요."(학생 주부, 31세)

이런 의견도 있다.

"저도 장녀고 남편도 장남입니다. 상대방의 부모는 남이니 자기 부모는 자기가 알아서 돌봐드리기로 합의했어요."

그렇다. 차례로 따지자면 장례식보다 부모 모시는 문제가 먼저인 것이다.

"친정 부모님을 누가 모실지 하루도 생각하지 않는 날이 없어요. 저희는 딸만 셋인데 친정이 멀다보니 다들 쉽게 찾아뵐 수도 없어요. 그런데도 주변에서는 피 한 방울 섞이지 않은 시부모를 모시는 건 당연시합니다. 이해가 가지 않아요. 앞으로 제사 문제도 골치 아플 거 같아요. 저나 남편은 무덤을 만들지 않을 생각입니다. 자식들에게 짐을 떠넘기고 싶지 않거든요. 무덤이 없더라도 자식들은 우리를 기억해줄 거라 생각해요. 그걸로 충분합니다."(주부, 37세)

결혼, 집안, 제사 사이에는 장례식이나 시부모 병 수발 문제가 낀다.

"결혼한 지 3년 된 맏며느리입니다. 한 달에 한두 번 시댁 어른들을 찾아뵙는 일이나 선대를 모시는 일 모두 자원봉사일 뿐이에요.

개가 그런 건데 어쩌겠어…

by 며느리

우리 부부는 죽으면 바다에 뼛가루를 뿌릴 작정입니다. 저는 시댁에 들어설 때도 일부러 예의를 차립니다. 지금 임신 중인데 아들이 태어나면 '대를 이를 자식' 운운할 게 뻔해요. 그 생각을 할 때마다 딸이었으면 좋겠다 싶어요. 시어머니가 싫은 소리를 하면 두고 보자고 혼자 중얼거려요. 병 수발을 들어야 할 처지가 되면 시설에 모시려고 마음먹고 있어요."(무직, 30세)

그때서야 시어머니는 믿는 도끼에 발등 찍혔노라고 가슴을 칠 것이다.

076

우리 집 소음은 괜찮고
남의 집 소음은 못 참는다?!

더위와 함께 혈중 짜증 농도가 높아지면서 별것도 아닌 일에 짜증이 치민다. 특히 아파트에 살다보면 듣기 싫어도 온갖 잡소리가 다 들린다. 에어컨 실외기 소리, 말 소리, 텔레비전 소리 등등. 우리 집에서 나는 소리면 용서가 되지만 다른 집 소리는 귀에 거슬린다. 남의 집 창가에 매달린 풍경 소리는 왜 그렇게 시끄러운지. 베란다에서 돌이라도 던져 깨버리고 싶다. 하지만 한 아파트에 사는 처지인지라 어지간해서는 참는 수밖에 없다.

여름방학이 시작되면서 소음은 기세를 더한다. 조용하던 낮 시간에도 윗집 아이들 뛰노는 소리가 거실 천장을 울린다.

"쳇, 여전히 건강하군" 하고 천장을 흘겨본다. 하지만 우리 집도 CDP의 볼륨을 한껏 올려놓은 상태니 불평할 처지는 못 된다.

그렇다면 참아낼 수 있는 소음의 한계는 어느 정도일까?

소음이라고 느끼는 소리는 때에 따라 다르고 사람에 따라 다르다. 내게는 피아노 소리가 시끄럽다고 윗집에 따졌던 과거가 있다.

첫아이를 키울 때여서 신경이 바싹 곤두서 있었다. 노이로제를 일으키기 일보 직전, 용기를 내어 피아노 소리를 줄여달라고 말했다. 그 일이 있은 뒤 윗집 사람들 대하기가 거북해지면서 후회가 되었다. 그 아파트에서 이사해서 얼마나 다행인지 모르겠다.

아파트에 살면서 괴로운 나날을 보내고 있다는 사람의 사연.

"이사 온 지 6개월쯤 되었어요. 두 살과 네 살 된 아이가 있는데 아랫집에서 시끄럽다고 여러 차례 싫은 소리를 들었어요. 아침저녁으로 아이들이 소리를 낼 때마다 짜증을 내더군요. 하는 수 없이 저녁 때까지 아이들을 밖에 나가 놀게 하고 있어요. 저녁에 퇴근하고 돌아온 아빠를 보고 기뻐서 달려 나가는 소리를 가지고도 뭐라고 합니다. 종일 잔소리를 듣고 혼이 난 아이들은 밤에 잘 때도 훌쩍이곤 합니다. 아이에게 못할 짓까지 하면서 이렇게 구차하게 살고 있는데도 얼마 전에 이사 나가는 게 어떠냐는 소리를 들었어요. 아이의 존재를 부정당한 것만 같아서 마음이 아픕니다."

(주부, 33세)

이사 와서부터 일이 뒤틀린 경우다.

당신이 이사 가지 그러냐고 한바탕 해대고 나면 속이야 후련하겠지만, 후환이 두렵다. 고약하게 구는 아랫집에도 초등학교 저학년 자녀가 있다고 한다. 그렇다면 아이들이란 대책 없이 날뛰는 동물이라는 것쯤은 알고 있고 있을 터. 어쩌면 엄마가 아이를 야단치는 소리만큼 거슬리는 소음은 없지 않을까?

그렇다고 노여워 마시길. 사람 나름이니까.

077

여자가 본능을 드러낼 때

동물과 마찬가지로 아이를 키우다보면 목소리가 커지게 마련이다. 차분히 타이르는 목소리는 절대 아이 귀에 들어가지 않기 때문이다. 울부짖는 동물에게 버릇을 가르치려면 힘으로 제압할 수 밖에 없다. 얼마 전에 텔레비전 동물 프로그램에서도 똑같은 말을 했다. 하지만 어떤 엄마를 보면 인간으로서, 어른으로서 냉정을 잃은 게 아닌가 하는 생각이 들 때가 있다. 소음 때문이라면 귀를 틀어막고 참을 수도 있지만 이런 경우는 좀 다르다.

장난감 매장에서 한바탕 전투를 벌이는 엄마와 아이를 목격했다.

"이거 갖고 싶어" 하고 아이가 떼를 쓰자 엄마는 "이제 그만해. 이거 지난번에 사줬잖아" 하고 응수한다.

엄마의 목소리는 점점 더 커지고 표정에는 박력이 더해간다.

이에 질새라 울부짖는 아이.

제 집인 양 가차 없이 아이를 야단치는 엄마. 소음에다 불쾌감까지 더한다. 매장에 있던 사람들로서는 이만저만 고역이 아니다.

아이와 승강이하는 데 정신이 팔린 나머지 지금 자신이 어디에 있는지도 잊어버린 것 같다. 한 발 물러서서 상황을 객관적으로 살펴볼 여유가 있다면 사람들 보는 앞에서 그렇게 본능을 드러내며 아이와 싸우지는 않을 것이다. 나중에 창피해서 후회할 거라고 한마디 해주고 싶어도 선선히 받아들일 것 같지 않다.

이 엄마를 보면서 나 자신을 반성하지 않을 수 없었다.

슈퍼마켓 과자 매장. 떼를 쓰는 아이에게 화가 난 엄마.

"그렇게 먹고 싶으면 다 사면 되잖아!" 하고 장바구니를 내던지며 과자 선반이 텅텅 빌 때까지 아이가 바구니를 채우도록 내버려 둔다. 바구니에 산더미처럼 쌓인 과자를 보고 상황이 예사롭지 않다는 걸 느낀 아이는 필요 없다고 떼를 쓰며 울음을 터뜨린다.

"무슨 소리니? 사달라고 한 건 너잖아!" 하고 열 받은 엄마는 버럭 소리를 지른다. 통로에 어지럽게 널린 과자들. 도깨비 상을 한 엄마를 보고 겁에 질린 손님이나 점원들이 길을 비켜준다.

꼴사나운 광경이다. 다음부터 그 슈퍼에 얼씬도 못하게 된 어리석은 엄마. 그 엄마가 바로 나다.

정말이지 쥐구멍에라도 숨고 싶다.

이거 전부 사겠어요!!

열받은 엄마

우이 씨!!

191

혼내는 것만이 능사는 아니다

사람들 앞에서 아이를 야단치는 모습이 꼴사납다고 했더니 집에
서는 혼내면서 사람들 있다고 야단치지 못하는 건 말이 안 된다는
의견을 보내온 분이 계셨다. 당연한 말씀이다. 아이가 잘못하면 그
자리에서 야단치는 건 철칙이다. 다만 야단치는 방법이 틀렸다는 말
이다. 화를 내다보니 감정이 격해져서 일주일 전 일까지 끄집어내서
설교를 해대니 듣는 사람들이 괴롭다는 말이다. 원칙을 가지고 야단
치자, 단호하게 나가면 아이들도 약속을 지킨다, 어떤 상황에서든
안 되는 것은 안 된다고 가르치자는 등 의견도 많았다. 다행히 나 같
이 멍청한 엄마들만 있는 게 아니다 싶어 가슴을 쓸어내렸다.

이런 떼쟁이 퇴치법도 있다.

"슈퍼마켓에서 딸아이가 과자를 사달라고 조르자 갑자기 엄마
가 '사줘, 사줘' 하면서 아이가 떼쓰는 흉내를 내는 거예요. 몸을
배배 꼬며 무릎을 굽혔다 폈다 하면서 말예요. 그러고는 아무 일도

없었다는 듯이 쇼핑 수레를 밀고 다른 매장으로 이동하더군요. 아이도 잠자코 따라갔습니다."

선수를 쳐서 기습 공격을 한 셈이다.

옆에서 재미있게 지켜보았다는 감상이 덧붙여 있었다.

혼내는 것만이 능사는 아니다. 버릇을 가르치는 방법도 여러 가지다. 한 잡지 편집장이 이런 이야기를 해주었다.

"어릴 때 단단히 버릇을 들이는 게 아이에게도 좋아요. 같은 일인데 어떤 때는 괜찮고 어떤 때는 안 된다고 하면 아이는 혼란을 느낍니다. 엄마는 안 된다고 하고 아빠는 괜찮다고 하면 아이는 누구 말을 들어야 할지 헷갈리게 되죠. 어떤 아이로 키우고 싶은지 잘 생각하고, 해도 되는 일과 하면 안 되는 일을 처음부터 확실히 가르쳐야 합니다."

이상은 애완동물 잡지 편집장에게 들은 강아지 키우는 요령이다. 애석하게도 우리 집 아이들은 부모 감정 내키는 대로 키운 덕분에 강아지 이하다. 한 번 허락한 일은 언제까지고 해도 되는 줄 착각한다. 오늘 아침에도 용돈을 달라는 아들을 붙잡고 예금통장까지 내놓고 대판 싸움을 벌이고 말았다.

좋다! 기습 작전이다.

내일은 내가 용돈 달라고 졸라보리라!

079

엄마가 손수 만들었다는 게
그렇게 대단한가?

유치원에서는 원생들의 가방이며 냅킨, 체육복 등번호 같은 것을 엄마들이 손수 만들도록 은근히 강요한다. 왜 강요냐 하면 유치원에서 가방 크기를 지정하기 때문이다.

어떤 모양이든 괜찮으면 만들어 파는 가방을 사주려 했는데, 꼭 맞는 가방을 찾을 수가 없었다.

베테랑 엄마라면 대충 어떤 가방을 사면 되는지 요령을 안다. 하지만 첫아이를 유치원에 보내는 햇병아리 엄마였던 나는 멋진 가방을 만들어주겠다고 의욕에 넘쳐 재봉틀까지 구입했다.

재봉틀 업계도 이 시기가 대목인 모양이다. 간단한 작동으로 손쉽게 이름을 박을 수 있다는 등 캐릭터를 수놓는 원터치 기능이 있다는 등 현란한 광고 문구로 아이를 유치원에 보내는 엄마의 구매 심리를 부추긴다.

평생 쓸 물건이니 좋은 걸 사라는 권유에 넘어가 아이를 위해서라고 작심하고 거금을 들여서 재봉틀을 샀다. 유치원 용품 만드는 법에 관한 책도 잔뜩 사다가 연구에 착수했다. 그러나 어차피 초보는 초보. 본디 야무지지 못한 성격이다보니 아무리 예쁜 천을 써도 결과는 엉망이었다. 완성된 가방에 그림책을 넣었더니 손잡이가 뚝 떨어지고 말았다.

결국 포기하고 솜씨 좋은 엄마에게 제작을 부탁했다. 덕분에 전문가 솜씨 뺨 치는 가방이 완성되었다. 유치원 선생이나 다른 엄마들에게 격찬을 받았지만 기분이 이상했다.

사랑이 아니라
자기만족이라구요…

이렇게 공 들여
도시락 만들 시간 있으면
아프가니스탄 가서
우물이나 파!!

아이에게 엄마의 사랑이 담긴 가방을 들린다는 대의명분이 근사한 수제품 가방을 들리는 것으로 변질되어버린 건 아닐까? 더구나 엄마라고 다 바느질 솜씨가 좋은 것도 아니다. 엄마가 없는 가정도 있을 것이고, 바느질에 소질 없는 엄마나 첨단공포증 때문에 바늘을 잡지 못하는 엄마도 있을 수 있다.

가방이며 냅킨이며 엄마가 손수 만든 준비물을 강요하는 유아교육 현장은 바느질에 서툰 부모의 자신감을 잃게 만든다. 혹시 재봉틀 업체와 짜고 그러는 건 아닌지 의심마저 든다.

080

탄 생선을 드시진 않나요?

가족을 위해 부지런히 음식을 장만하는 당신에게 묻는다.

가령 생선을 구울 때 노릇노릇 알맞게 구워진 생선과 까맣게 탄 생선이 있다면 당신은 어느 걸 먹는가?

절대 생선을 태우는 법이 없다고 자신만만한 분은 상상해서 대답해주시기 바란다.

지금껏 나는 노릇노릇하게 맛있게 구워진 생선을 가족들에게 먹이고 탄 생선은 내가 먹었다. 그것도 가족들이 볼세라 탄 부분을 뒤집어놓고.

달걀 프라이를 할 때도 노른자가 터진 건 늘 내 몫이었다. 달걀말이 역시 자르고 남은 끄트머리. 크로켓을 만들어도 내 입에 들어오는 건 언제나 모양이 어그러진 크로켓이었다.

가족들이 맛있게 먹어주길 바라며 만든 음식이라 지극히 당연한 일이라 생각했다. 얼마나 기특한 어머니인가!

하지만 어느 날, 시커멓게 탄 껍질을 벗겨가며 생선을 먹는 내게 아이가 물었다.

"왜 탄 생선을 먹어?"

"너희들에게 맛있는 걸 먹이고 싶어서지" 하고 당당히 대답했지만, 아이의 '왜'라는 물음이 마음에 걸렸다.

게다가 엄마가 잘못해서 생선을 태웠으니 책임지고 먹는 거 아니냐는 말까지 들었다. 고생해서 음식 장만하는 것도 모자라 식구들 먹으라고 맛있는 음식

내가 좋아하는 음식만 만들어야~~지

나 고기 먹고 싶어~

을 양보했더니, 내 희생에 대한 보답은 고작 '왜'와 '엄마 실수로 그런 거니까 책임을 져야지'라는 말이나 듣는 거다.

나는 새삼 결심했다. 앞으로는 음식을 만드는 내가 제일 맛있는 부분을 먹겠노라고.

그리고 그런 날 보고 식구들이 너무한다고 투덜대면 음식을 만든 사람에게 제일 맛있는 부분을 먹을 권리가 있다고 말해줄 테다.

맛있는 걸 먹고 싶으면 제 손으로 만들어야 한다.

주부에게 떠맡겨진 식사 준비. 이 작전으로 나가면 가족들도 마지못해 부엌일을 거들게 될지 모른다.

PART 5

아니다 싶으면 접고 **다시 시작하자!**

허울 좋은 전업주부, 실상은 무직?!

주부는 직업이 아니라고 했더니, "직업이라고 생각하지 않으면
도저히 해낼 수 없는 게 주부 일입니다. 일요일조차 변변히 쉴 수
없으니 말이에요. 이 칼럼에 실린 글은 모두 여성에 대한 여성들의
비판 일색이군요"라는 편지가 왔다.

여성을 대상으로 하는 칼럼이니 남성들이 참전할 리 없잖은가?
이 글을 보내온 주부처럼 과중한 집안일과 자녀 양육을 혼자 떠맡
으려 드는 여성은 참 편리한 존재다. 내가 남자라도 이런 아내를
원할 것이다. 그러니 나에게 이러니저러니 불평을 늘어놓은들 해
결 될 일도 아니다.

직업이라고 생각한다면, 휴일도 없이 일해야 하는 열악한 업무
환경에 대해 고용주인 남편에게 따져야 한다.

이렇게 여성들에게 바람이나 넣고 다니니 나 좋다는 남자 하나
없는 처량한 신세가 되고 말았다.

그건 그렇고 무직인 여성을 어떻게든 주부라는 호칭으로 부르고 싶어하는 이유를 살펴보자.

"저는 당당히 무직이라고 말합니다. 왜냐하면 아무 일도 하지 않거든요. 집안일이고 자녀 교육이고 간에 포기하고 살아요. 호호호."

이렇게 자학적인 여성도 있었다.

육아휴직 중인 간호사는 "제 경우에는 평소 하는 주부 일은 부업이라고 말합니다. 살림하는 주부로서 자부심을 느끼는 사람은 주부가 직업이 되겠지요. 하지만 띄엄띄엄 살림하는 주부라면 무직이라는 표현이 어울리지 않을까요?"라는 의견을 보내왔다.

요컨대 주부라고 불리고 싶은지 아닌지는 자기 생활에서 집안일이 차지하는 비율의 많고 적음, 혹은 열성 문제라는 것일까?

어느 쪽이든 자신이 결정할 일이다. 주부인지 아닌지 남이 결정해줄 문제가 아니다.

말이 나온 김에 한 마디 덧붙이면, 무직인 남자는 왜 주부主夫라고 부르지 않느냐는 질문도 있었다. 그야 지금도 남자는 집안일을 하면 안 된다는 편견이 남아 있어서이리라.

사회적 편견에 대한 이런 지적도 있다.

NEWS WAIWAI

어젯밤 집안일을 도우며 지내던 한 남성이 무직 여성의 습격을 받았답니다.

"뉴스 등에서 부모와 함께 사는 직업 없는 독신여성을 표현할 때 '집안일을 거들며 지내는 여성'이라고 하는데, 이해가 안 됩니다. 왜 무직이라고 하지 않을까요? 여자가 집안일을 하는 걸 당연시하는 것 같아서 기분이 언짢아요." (25세)

맞는 말씀! 그리고 부모와 함께 사는 젊은 여성은 절대 집안일을 거들지 않는다.

어쩌면 이것도 편견인가?

082

스트레스 해소를 위해
밤거리로 나서자!

12월이 되면 왠지 모르게 분주하다. 오죽하면 점잖은 선생님까지 뛰어다닐까? (일본에서는 12월을 '시와스師走'라고 한다 - 옮긴이) 선생님이 뛰어다닐 정도면 주부는 초스피드로 달려야 한다.

연말이면 주부는 명절 선물 준비, 연하장 우송, 대청소 등 할 일이 태산이다. 정말이지 눈코 뜰 새 없이 바쁘다. 워낙에 불경기다 보니 명절 선물을 예산을 낮추어 잡아야 하나 아니면 명단을 추려서 보내야 하나 골머리를 앓는다. 여기서 잠깐 앞서 나온 보호자명 기입란의 내용을 떠올려보자.

만약 별 지장이 없는 상대에게 보내는 거라면 자신의 이름이나 부부 이름을 나란히 적어서 보내면 어떨까? 선물 준비의 힘겨움도 심리적인 측면에서 해소될지 모른다.

연하장에 쓰려고 가족 사진을 고르고 있는 사람도 있으리라.

모처럼 좋은 기회니 자신의 친구나 지인(서클, 학원, 직장 등)에게

크~하~ 시원하다

보내는 연하장은 부부 이름이 아닌 자기 이름으로 보내보는 건 어떨까?

결혼했다고 해서 가정에 매몰되지 말고 이런 자기 주장의 기회를 이용하라. 그리고 빼놓을 수 없는 송년회. 하루가 멀다 하고 늦게 들어오는 남편에다 자녀들 치다꺼리로 스트레스가 쌓여만 가는 주부들도 많으리라.

과감히 주부들만의 송년회 자리를 마련해보는 건 어떨지?

점심 때 잠깐 기분 내는 송년회나 자녀 동반 송년회말고, 성인 여자들만의 연회를 즐기는 거다. 아이들은 남편에게 맡기고 밤거리로 GO! 오랜만에 네온사인 눈부신 거리로 나가서 여자끼리 먹고 마시고 노래도 불러보자.

신나게 놀고 집에 돌아왔을 때 "왜 이렇게 늦었어, 내가 얼마나 힘들었는 줄 알아" 하고 겨우 몇 시간 아이 좀 본 걸 가지고 기진맥진한 남편을 보면 얼마나 고소할까?

"나는 매일 그러고 지내요" 하고 술 냄새 풀풀 풍기며 말해주자.

만약 남편이 "그랬어? 나는 당신이 그렇게 고생하는지 몰랐어. 고마워 여보" 하고 감사의 말을 해준다면 더할 나위 없이 좋고.

이럴 때 바로 "이제부터는 당신도 집안일 거들 거지" 하고 약속을 받아낸다면 브라보!

083

일석삼조의 송년회 효과

아이를 남편에게 맡기고 송년회에 가자는 내 제안에 이미 그러고 있다는 편지도 있었지만, 이런 하소연을 보내온 주부도 있었다.

"송년회는 꿈도 못 꿔요. 남편은 아이를 떠맡기고 놀러 갈 작정이면 아예 이혼부터 하자고 나섭니다. 예전에 한 번 학부모 친목회에 갔다고 일주일이나 말도 하지 않더군요. 이런 남편에게 어떻게 맞서면 좋을까요? 저도 한 번쯤 마음 편히 회식 자리에 어울리고 싶어요."(시간제 근무, 48세)

떠맡기다니, 자기 자식은 아닌가?

이런 남편은 치료약도 없다. 무시하고

스트레스를
날려버리자

노래하고~
춤추고~

그냥 나가는 수밖에. 한동안 말도 않는다니 더 잘된 일 아닌가? 물 떠 오라느니 차 타오라느니 귀찮은 심부름도 시키지 않을 테니.

이런 반가운 소식도 있었다.

"며칠 전에 동네 엄마들끼리 모이는 송년회에 갔습니다. 오랜만에 가진 술자리여서 기분도 좋았지만 그보다 더욱 기쁜 일은 남편에게 딸아이를 맡기고 외출했다는 사실이에요. 4개월 된 딸아이와 둘이서만 지낸 적이 없었던 남편에게는 그 몇 시간이 남달랐던 모양입니다. 딸아이랑 슈퍼마켓에서 장 보는 일이 그렇게 힘든 줄 몰랐대요. 처음 뵙는 동네 아줌마가 도와주셔서 겨우 장을 보았답니다. 딸아이와 처음으로 마음이 통한 것 같다며 감격하더군요. 몇 시간 집을 비운 덕에 딸에 대한 애정과 저에 대한 이해가 한층 깊어진 듯해 정말 너무 기쁩니다.

그날 2차까지 따라가고 싶었지만, 남편이 익숙해질 때까지 좀더 시간이 필요할 거 같아서 그냥 돌아왔습니다. 신년 모임도 있으니까요. 남편도 앞으로 마음 편히 송년회에 갈 수 있겠지요. 그날 송년회에 나온 스무 명의 엄마들도 그렇게 했으니 틀림없이 여러분도 할 수 있을 겁니다."(전업주부, 25세)

바로 이거다! 아내는 스트레스를 풀고 자녀들은 아빠의 애정을 재확인하고 남편은 죄책감 없이 다가오는 송년회에 갈 수 있다. 일석삼조가 아닌가!

084

유행이 바뀌듯 상식도 변했으면

징글벨 징글벨 ♪

옛날에는 여자를 크리스마스 케이크(12월 25일이 지나면 팔리지 않는 크리스마스 케이크처럼 여자 나이 스물다섯을 넘기면 가치가 떨어진다고 해서 붙여진 말—옮긴이)에 빗대어 부르더니 요즘은 섣달 그믐날 밤에 먹는 '해넘이 국수'(서른한 살을 넘기면 가치가 없다)라고 부른다.

예나 지금이나 여자를 상품처럼 취급하는 풍조는 그대로다.

웃기는 발상이라고 생각하지 않는가?

"아내는 만드는 사람, 남편은 먹는 사람"이라는 텔레비전 광고를 보고도 아무런 의문을 품지 않았던 시대와 비교하면 남녀 차별에 대해 분개한다는 사실만으로도 큰 진전이겠지만. 이처럼 예전에는 당연하던 일이 지금은 당치도 않은 일이 되거나 그 반대가 되는 경우도 있다.

예를 들면 예전에는 청바지 차림에 기타를 들고 있으면 불량하다

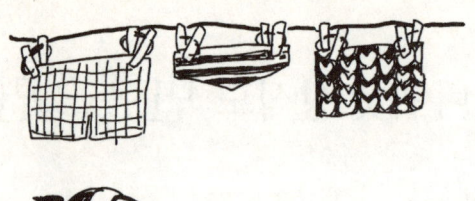

흐음…,
남자들 팬티는
아무 색깔이나 괜찮은 거야?

고 여겼다. 1971년 당시만 해도 청바지 차림으로 도심 거리를 걸어 다니는 젊은이가 뉴스거리가 되었다.

1977년에는 한 대학 교수가 청바지 입은 여대생을 교실에서 내쫓은 사건이 일어나 청바지 논쟁으로까지 발전했다. 어느 여자대학교에서는 청바지를 교칙으로 금지했다.

이렇게 역사를 되돌아보면 상식은 변한다는 것을 알 수 있다.

이 칼럼 역시 돌이켜보면 좋아하는 사람의 성을 따르고 싶냐는 물음에서 출발해 부부 별성제에 관해 다루었다. 그리고 장례식 문제, 주부의 취업과 직장 생활의 고충, 아내의 불륜, 시부모 병 수발 문제 같은 이런저런 논쟁을 벌여왔다.

이 문제들도 청바지 경우처럼 논쟁이 있었다는 사실조차 믿기 어려운 시대가 온다면 얼마나 좋을까?

그런데 지금도 여학생 속옷은 하얀색이 바람직하다는 교칙이 존재한다고 한다. 교복 상의가 얇아서 비친다는 게 이유다.

　아니, 비치지 않는 속옷은 베이지색 아닌가?

　여자＝흰 속옷＝순결이라는 이미지는 청바지 금지보다 고리타분한 발상이다.

　청바지도 허용되는 시대에 여학생에게만 흰 속옷을 입으라는 교칙은 없어져야 마땅하다.

잘못을 보면 따끔하게 **야단**칠 수 있나요?

버릇이 형편없는 남자아이가 있었다. 참을성이 없어도 너무 없어서 수업 중에도 의자를 앞뒤로 흔들어대다가 벌러덩 뒤로 자빠지곤 했다. 또 동네 아이들에게 말을 걸었다가 무시당하면 신경질을 피운다. 신경질이 폭력으로 발전하는 걸 보고 아이 엄마에게 넌지시 주의를 준 적이 있었다. 그런데 아이 엄마는 "주의력 결핍 과잉 행동 장애(ADHD)인 걸 어쩌겠어요. 병이니까 봐주세요"라고 대꾸하는 게 아닌가. 나중에 실례되는 줄 알면서도 "병원 가서 진단은 받으셨어요?" 하고 물었다. 대답은 '아니오'란다.

이 아이는 주의력 결핍 과잉 행동 장애 따위가 아니다. 엄마가 아이 버릇을 제대로 가르치지 않았을 뿐이다.

얼마나 응석받이로 키웠느냐 하면, 아이가 갖고 싶어하는 플레이스테이션 게임을 발매 당일에 구입하기 위해 아침 일찍 매장 앞에 줄을 선다고 한다. 먼저 사려고 밤까지 새워가면서 말이다. 베이브레이드(우리 나라에서도 한때 유행한 탑브레이트 비슷한 장난감−옮긴이)를 한정 판매한다는 정보를 들으면 지방이라도 가서 사온다. 어이없게도 당연하다는 듯 명령하는 아이와 군말 없이 따르는 부모였던 셈이다. 보다 못해 부모는 아이의 종이 아니라고 타일러도 보았다. 하지만 해달라는 대로 안 해주면 아이가 겁이 날 정도로 신경질을 피우며 날뛴다고 아이 엄마는 핑계를 대는 것이다.

하지만 상대는 초등학생이다. 부모가 야구방망이라도 들고 설치면 아이 정도는 제압할 수 있다고 조언했더니, 우격다짐으로 아이 기를 꺾고 싶지 않다며 어떻게든 말로 타이르겠다고 했다.

말로 타일러서 알아들을 만한 아이라면 부모도 필요 없다. 아이를 키우다 보면 부모가 손익을 떠나서 온몸으로 부딪쳐서 가르쳐야 하는 일이 반드시 있다.

아이만 그런 게 아니라 사람을 나무라려면 체력이 필요하다.

가족이나 부하 직원을 호되게 나무란 경험이 있는 사람이면 알겠지만 뒷맛이 씁쓸하다.

하지만 진정으로 상대를 아끼기 때문에 미움을 받아도 스스로 상처를 입어도 야단칠 수 있는 것이다. 사람을 사랑한다는 건 참 힘들다. 이 엄마는 그런 수고를 모른 채 살아가게 될까?

086

요즘 엄마들의 기상천외 육아법

육아 상담 프로그램에 참가했다.

아이가 이유식을 잘 먹지 않는다느니 먹는 양이 적다느니 하는 흐뭇한 상담이 많았다. 육아 서적에는 이 시기쯤 되면 이 정도 양을 먹고, 이러이러한 것을 주어야 한다는 식의 월령에 따른 육아 정보가 실려 있다. 아이가 책에 나온 대로 먹지 않으면 잘 자라지 않을까 봐 걱정하는 것이다.

이런 상담은 첫아이 키울 때의 고충일 거라고 쉽게 상상이 된다. 하지만 둘째아이 때는 배고프면 먹겠지 하고 내버려둘 정도로 여유가 생긴다.

이럴 때는 여러 엄마들을 만나 상의하거나 아이를 여럿 낳은 엄마의 조언을 듣는 것도 좋다. 핵가족 사회다 보니 주변에 아이 키운 경험이 있는 엄마들이 드물다.

이 자리에서 놀랄 만한 이야기를 들었다.

"우리 아이는 단 걸 좋아해서 밥에 설탕을 뿌리지 않으면 먹질 않아요. 어쩌면 좋을까요?"

어쩌면 좋으냐고? 기막힐 노릇이다. 아이 혼자 멋대로 설탕을 뿌려 먹을 리 없잖은가? 엄마가 밥에 설탕을 뿌리지 않으면 해결될 일이다. 상담하는 것 자체가 이상하다.

아이에게 밥 먹는 일을 너무 중요하게 생각한 나머지, 밥에 설탕을 뿌려서라도 먹여야 된다고 강박적으로 생각하는 엄마가 더 걱정스럽다.

한술 더 뜨는 사람도 있다.

아기가 잘 잔다고 해서 밤에 술을 먹이는 엄마.

잠이야 잘 들겠지, 취해서 말이다. 물론 책에는 술을 먹이면 안 된다는 말은 나오지 않는다.

술을 먹이면 안 된다는 언급이 없으니 줘도 괜찮다고 판단한 것일까? 한 숟갈 정도라며 변명했지만 이건 양의 문제가 아니다.

다들 말도 안 되는 소리라고 생각하면 다행이지만……

"아이한테 술 먹이면 안 되는 거예요? 오늘부터는 먹이지 말아야겠네" 하고 반성하는 엄마는 없는지 모르겠다.

으앙~
1978년 보르도산
와인인걸

087

온갖 편리한 '증후군'

마침내 등장!

이번에는 '정돈 못하는 증후군'이란다.

집안 정리 정돈에 젬병이었는데 병이었구나, 하고 칠칠치 못한 주부들은 마음 푹 놓고 낮잠을 즐기고 있을 터다. 게으른 주제에 그런 정보는 열심히 주워듣는다니까.

텔레비전 프로그램에서 어느 정돈 못하는 주부의 집을 취재했는데, 온 집안이 발 디딜 틈도 없을 만큼 어질러져 있었다.

이제껏 발 디딜 틈도 없다는 말은 그저 비유라고 생각했었다. 한데 바로 눈앞에 펼쳐지고 있었다. 주부로서는 물론이거니와 인간으로서 어떻게 그럴 수 있는지 궁금하다. 동물 중에서도 뇌가 작기로 유명한 햄스터보다도 못하다.

게다가 더 황당한 건 구제불능 주부로 공표되고도 부끄러운 기색도 없이 오히려 떳떳해 보인다는 사실이다.

병이니까?

좋은 핑계다.

잘못은 죄다 트라우마 탓으로 돌린
다. 쇼핑이 과하면 '쇼핑의존증' 탓
이라고 둘러댄다. 판단력 결핍과 과
다한 지출로 집안 경제를 어렵게 한
미안함을 그럴듯한 말로 포장하는
것이다. 밤마다 혼자 와인병을 비우
는 습관은 '알코올의존증'일지도
모른다며 불안감에 이유를 달아 나름
대로 안심한다. 너무 많이 먹어서 비만해

나 게으름병 걸렸어요
룰룰루~ ♫♩

지면 스트레스 때문에 과식증에 걸렸다고, 절제하지 못하는
자신을 용서한다.

혹시 당신은 자신의 잘못을 덮어줄 편리한 병명을 찾고 있지 않은
가? 이런 수요가 있는 한 앞으로 병도 개성화를 지향하며 세분화될
것이다. '정돈 못하는 증후군'은 물을 싫어하는 혐수성 정돈 기피
증후군(물을 사용하는 집안일을 귀찮아하는 주부용)과 난잡성 정돈 기
피 증후군(청소하지 않는 주부용)으로 나뉠지도 모른다.

그래도 그렇지, 텔레비전에 나온 발 디딜 틈 없이 어질러진 집
식구들은 왜 집안일을 거들지 않는지 궁금하다. 뭐든 주부에게 떠
넘기려 드는 가족들 잘못도 크다. 혹시 그런 가족들에게 본때를 보
여주려고 일부러 가사 파업을 벌이고 있는지도 모른다. 그렇다면
집을 치우지 않는 그 주부의 떳떳한 얼굴이 설명된다.

088

아내 성씨를 따르는 멋진 남편

앞서 다룬 부부 별성제에 대해 부부가 각자의 성을 쓰는 데 찬성한다는 의견이 대부분이었다. 결혼 후 성을 바꾸지 않기 위해서는 부부 별성제가 필요하다.

그런데 결혼하고도 남편 성으로 바꾸지 않는 방법이 있잖은가?

"부부는 혼인 시 결정에 따라 남편 또는 아내의 성을 칭한다."

현행법상 남편 성과 아내 성 가운데 선택할 수 있는데도 결혼하면 여성이 성을 바꾸어야 한다는 사회적 통념은 뿌리가 깊다.

사회적 통념 때문에 남편 호적에 얹히는 신세라니.

반면 이렇게 훌륭한 남자도 있다.

"우리 부부는 아내인 제 성을 선택했어요. 성을 바꾸기 싫다고 했더니 남편이 자기가 바꾸겠다고 흔쾌히 받아들였어요. 남편은 결혼 후에 직장을 옮겨서 업무상 별 불편한 점은 없었다고 하지만, 아무래도 미안한 마음이 듭니다. 원래 성으로 되돌릴 수 있다면 어떻게 하겠냐고 물었더니, 이미 바뀐 이름으로 생활하는 데 익숙해졌고 도장도 팠다면서 괜찮다고 하더군요."(재택근무, 38세)

결혼 후 성이 바뀌는 문제로 고민한다면 남편에게 의논해보는 것도 좋은 방법이다. 그런데 여기서 짚고 넘어가야 할 부분은 성을 바꾼 남편에게 미안해하는 그녀의 마음이다.

남편이나 세상의 통념 앞에 무릎 꿇고 성을 바꾸었다고 서러움에 복받친 아내들이여! 당신의 남편이 한 번이라도 미안하다고 고맙다고 표현한 적이 있는가? 근본적으로 어느 한쪽이 희생을 치러야 하는 시스템이 잘못된 것이다.

이렇게 말하는 나 역시 생각이 꽉 막힌 세상 사람들 중 하나였다. 아내의 성으로 바꾼 남성을 데릴사위니 뭐니 해가며 배척한 적이 있다. 정말 미안하게 생각한다. 지금이라면 기특한 남편이라고 꽉 껴안아줄 텐데. 남의 남편이긴 하지만.

이런 의견도 있었다.

"근대화 과정에서 서양 문화에 경도된 작자들이 부부 동성제를 들여왔습니다. 역사에 무지해서 전통적인 제도로 착각하고 부부가 같은 성을 써야 한다고 주장하는 겁니다. 하루 빨리 부부 별성제를 실시해야 합니다."(자칭 우익, 69세)

옳소! 서민들이 가문 운운하는 건 생각해 보면 웃긴 일이다.

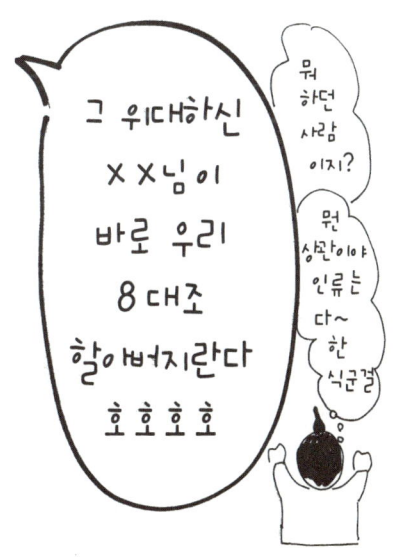

089

혼자 참는다고 될 일이 아니다

부부 별성제 찬성의 분위기가 무르익는 가운데 이런 편지가 도착했다.

"너무 화가 나서 이렇게 펜을 들었어요. 남편 성을 따르는 게 당연하다고 생각하는 게 남성들의 오만이라면 성을 바꾸기 싫다는 건 여성들의 철없는 억지 아닌가요? 다들 제 주장만 앞세우는 게 아닌가 싶어 화가 납니다."(주부, 33세)

이 사람 말대로라면 지금까지 우리는 논쟁을 통해 생떼를 부린 셈이다. 이 주부는 "성이 바뀌면 직장 다니는 아내들이 불편을 겪는다는데, 반대의 경우는 어떨까요? 남편 역시 불편을 겪게 될 겁니다"라고 덧붙인다.

아니, 남편이 불편한 건 걱정이고 아내가 겪는 불편은 괜찮다는 말인가? 남편 그림자를 밟지 않으려고 세 발짝 물러서서 걷던 고리짝 사고방식 아닌가? 남편이 보기엔 더없이 좋은 아내겠지만……

유감스럽게도 지금은 불편을 참지 못하겠다고 아우성치는 나쁜 아내들 세상이다. 호호호.

이런 의견도 있었다.

"이혼하면 또다시 성이 바뀌니 이혼 사실이 세상에 다 드러나는 거 아닙니까? 왜 여자만 이런 손해를 보아야 되는 거죠?"(육아휴직 중)

사실 독자들이 보내온 사연을 읽다보면 나만 참았으면 되었을 텐데, 하고 후회하는 경우가 적지 않다. 그렇게 자기 문제로만 봉인하려 드는 탓에 또 다른 피해자가 생기는 것이다.

악순환의 고리를 끊어야 한다. 억울하면 따지고 하고 싶은 말이 있으면 서슴없이 쏟아놓자!

어쩌면 우리 세대에는 실현되지 않을지 모른다. 하지만 주장하지 않으면 세상의 관습은 바뀌지 않는다.

우리 주변에는 이런 세상 물정 모르는 사람도 있다.

"직장에서 겪는 불편이란 게 뭐죠? 성이 바뀌었다고 업무에 지장을 초래할 정도의 인간관계밖에 구축하지 못했단 말입니까? 남편 성을 따랐다고 분개할 정도라면 대체 결혼은 왜 한 겁

니까? 너무 형식에만 집착하는 거 아닐까요? 결혼에는 그보다 더 중요한 의미가 있다고 생각합니다. 요즘 여자들은 불평불만만 늘어놓는 거 같아요."(사무직, 26세)

이 의견에 어떻게 대답해야 할까? 그녀가 머릿속에 그리는 이상이나 꿈이 현실과 동떨어져 있다고 일러줄 수 있는 사람은 경험자뿐이다.

미운 털이 박히는 한이 있어도 하고 싶은 말은 귀에 딱지가 앉을 만큼 하고 또 해야 한다.

결혼, 가문, 제사 문제

성씨 문제에 관한 경험자의 조언이다.

"결혼한 지 20년. 처음 10년은 남편의 성으로 살았습니다. 여동생이 장남에게 시집 간 후 남편이 성씨 변경 신청을 해서 친정 성으로 바꾼 지 10년이 지났어요. 우리 부부에게 성은 조상의 선산을 지킨다는 막중한 책임 문제였어요. 결혼이 가문과 얽히는 근원이 여기 있을지 모르지만, 현대를 살아가는 우리가 쉽사리 내팽개칠 수 없는 선조 대대의 위업이라는 게 있잖아요. 성씨 변경 절차는 아주 간단합니다. 모든 게 개인의 생각에 달려 있어요."(주부, 44세)

지금까지 성이 바뀌어서 생기는 일상적·직업적 불편에 대해 살펴보았다. 한데 여기에는 조상을 섬긴다는 사명도 보태져 있었던 것이다. 한데 성이 다르면 조상을 섬길 수 없는 걸까?

다음 사연이다.

"20여 년 전, 미혼인 상태에서 임신을 했어요. 혼자서라도 낳을 생각이었지만 결국 임신 7개월째에 결혼했습니다. 자유롭게 살던 저는 결혼과 동시에 한 집안의 며느리가 되고, 제 분신인 아들은 '우리 손자'로 불리게 되었어요. 그제서야 제 자신과 자유를 잃었음을 깨달았어요.

지금도 그 생각은 변하지 않은 상태라 사사건건 트집을 잡고 참견하려 드는 시집 식구들 생각만 하면 화가 나요. 내가 죽으면 선산에 묻지 말고 따로 묘를 쓰든가 친정 쪽에다 묻어달라고 아들에게 유언해두었어요. 아들은 묘 자리 마련할 돈은 남겨두고 죽으라고 농담을 합니다. 남편에게는 비밀이에요. 두고 보라는 속셈인 거죠. 남편의 호적에 올랐다고 해서 며느리라는 처지까지 감수해야 한다면 차라리 동거나 미혼모가 낫다는 생각마저 듭니다.

못난이 초밥집

결혼 ○○ 가문 제사 | 풍성한 3가지 세트

세트로만 판매합니다

알뜰 구매 찬스

여러분의 활발한 논의를 기대합니다. 젊어서야 사랑하는 남자와 함께 산다는 것만으로 좋겠지만 나중에 후회하는 분들이 많아요. 이런 생각을 떠들고 다니면 사람들이 곱게 보지 않을 것 같아서 말을 삼가고 있어요."(주부, 51세)

입밖에 내기 꺼려지는 의견도 대환영이다.

결혼과 집안과 제사 문제는 항상 붙어 다닌다. 이 주부는 묘를 따로 쓰는 것으로 체증을 풀려고 한다. 이렇게 세트로 붙어 다니는 건 또 있다.

"남편 성을 따르면 저뿐 아니라 제 자식들도 남편 집안의 소유물이 됩니다. 성이 같다는 이유로 매사에 시댁이 우선시되는 세상이에요. 저도 외동딸인데 앞으로 시부모를 모시게 되면 어쩌나 걱정입니다."(전업주부, 31세)

무덤에 들어가기에 앞서 시부모 모시는 문제가 기다리고 있는 것이다.

091

남성들도 변하고 있다

다시 봄이 찾아왔다. 이 시기에는 유치원이나 학교 입학 등으로 제출할 서류가 많아진다. 앞서 우리는 보호자명 기입란에 아버지 이름을 쓰는 문제로 열띤 논쟁을 벌였다.

아무런 의문 없이 남편 이름을 쓰는 건 이상하다, 서류를 작성하거나 자녀를 돌보는 건 엄마인데 엄마 이름이 서류상에 존재하지 않는 건 너무 억울하다는 사연을 받았다. 엄마도 보호자라는 생각에 남편 이름과 자기 이름을 썼더니 학교에서 아버지 이름만 써달라고 서류를 돌려보냈다는 사연도 소개했다. 그런데 지난 2년 사이에 보호자는 곧 남편이라는 통념은 사라진 듯하다.

한 학교에서는 서류의 보호자 기입란에 '아버지 또는 어머니, 혹은 보호자의 이름'이라고 단서를 달아놓았다. 이는 엄마도 아빠와 똑같은 책임자로 인정함과 동시에 다양한 가족 형태가 늘어나고 있다는 증거리라.

많은 사람들이 참가하는 세미나 등에서 가정에 대해 이야기할 때, 나는 최소 네 가지 유형의 가정을 염두에 두고 이야기를 진행한다. 아버지만 있는 경우, 어머니만 있는 경우, 부모가 모두 있는 경우, 자식이 없는 경우다. 오늘날 부모와 자식으로 구성된 가정은 그 중 한 종류에 지나지 않기 때문이다.

여성의 생각만 급격히 변한 것은 아니다. 이에 뒤질세라 남성 역시 변하고 있다. 얼마 전, 어느 모임에서 "전 가장이 되고 싶지 않습니다. 아내는 집에 있고 저 혼자 일하는 건 싫습니다" 하고 발언한 20대 남성이 있었다. 여자는 가정을 지켜야 한다고 배운 우리 세대는 뜨거운 박수로 열렬히 호응했다.

엄마 이름만 적던 모자건강수첩(일본에서 모자보건법에 따라 지방자치단체에서 임산부에게 교부하는 수첩. 어머니와 자녀의 건강 기록과 보건 지도의 기초가 된다—옮긴이)에도 아빠 이름을 기입하게 되었다.

기왕 바꾸는 김에 명칭도 '가족수첩' 같은 걸로 바꾸면 좋을 텐데……. 이름을 쓴다는 것은 책임을 지겠다는 의사 표시다.

주부들이 보호자명 기입란에 거리낌 없이 자신의 이름을 적을 수 있게 되었다는 건 남편의 부속물이 아닌 어엿한 사회인으로서 자신감과 책임감을 갖게 되었다는 뜻이다.

보호자 여러분은 자녀분 교실로 가주세요

어라? 우리 애가 몇 반이었더라?

092

노후 생활에 관한 조언

　남편과 사별한 후 고령의 시어머니를 모시고 사는 맏며느리가
의외로 많았다.

　특히 (남편과 사별한) 맏며느리가 시부모를 모시고 사는 경우, 친척
들은 시부모 병 수발은 당연히 맏며느리가 해야 하는 걸로 여긴다.

　시어머니가 사망한 후에 연금공단, 금융기관, 구청에 가서 서류
정리를 하려던 한 주부는 창구에서 접수를 받아들일 수 없다는 말
을 들었다고 한다. 며느리에게는 자격이 없다는 게 이유였다.

　순간 그녀는 애초부터 자신에게는 아무런 권리도, 시어머니를
모실 의무도 없었다는 사실을 깨달았다고 한다.

　구청에서 볼 때 며느리와 시어머니는 남남이다.

　시어머니를 모시며 병 수발까지 들고도 친척들에게서 유산 상속
자격이 없다는 야멸찬 말을 들었다는 며느리도 있었다.

　애정으로 시부모를 모실 수 있는 경우를 제외하면, 인척관계라

는 의무만으로 어쩔 수 없이 시
부모를 모시는 것은 서로에게
불행한 결말을 초래할 뿐이다.

극진히 간병하겠습니다.

초 고령에 친척 없고
주체할 수 없이
재산 많으신 분
연락 바람!!

여기서 잠깐! 재산 있고 연세
지긋하신 분들에게 귀가 솔깃
할 만한 정보를 소개하겠다.

변호사에게 들은 노후를 의
탁할 때의 마음가짐이다.

당사자에게 재산이 있는 경
우에는 너도나도 모시겠다고
줄을 선다고 한다. 그러나 아무
리 고마워도 노후를 의탁하는 동안
그 사람 앞으로 명의를 변경하지는 말란다.

재산을 넘겨준 순간 살갑기 그지없던 사람이 차갑게 돌변하는
예를 수없이 보아 왔다고 한다. 내다버리는 경우도 있단다.

자신은 예외일 거라고 대수롭지 않게 여기면 안 된다.

재산을 넘겨주더라도 조금씩 나눠서 주든지 유언장을 써주는 것
도 좋은 방법일지 모른다.

쾌적한 노후를 보내려면 죽을 때까지 절대 재산을 내놓지 않겠
다는 각오가 가장 중요하다고 한다.

227

093

바람직한 별거와 이혼

가족과 결혼이라는 주제로 취재나 강연 의뢰를 받는 일이 많다.

이 칼럼을 통해 육아와 직장, 결혼과 성 문제 등에 대해 미주알 고주알 시비를 걸어온 덕분이기도 하다.

보통 일정만 맞으면 그 자리에서 승낙을 한다. 그런데 협의를 하는 단계에서 "제가 이혼하고 혼자 아이를 키운다는 건 알고 계시죠?" 하고 말하는 순간, 지뢰라도 밟은 사람처럼 표정이 달라지는 사람이 아직도 있다.

개인사를 팔아먹는 애송이 칼럼니스트이긴 하지만, 연예인도 아닌데 사적인 일까지 일부러 공언할 필요는 없다고 생각했다. 그러나 벌써 이혼한 지 4년이다.

이 칼럼을 열심히 읽었다면 집안 꼴이 말이 아닌 데다 남편이 한 번도 등장하지 않는다는 사실을 눈치 챘을 것이다. 그런데도 "이해심 많은 남편을 두셔서 행복하시겠네요"라는 편지를 가끔 받는다. 이 일을 어째!

내가 지금까지 여성들에게 결혼해도 직장을 그만두지 말라느니, 제 몸 하나는 건사할 수 있어야 한다느니, 결혼 후에 성이 바뀐다는 건 만만히 볼 문제가 아니라느니 하고 과격한 발언을 했던 건 다 나의 체험에서 얻은 결론이었기 때문이다.

오늘부터 새로운 눈으로 이 칼럼을 읽는 분이 계실지도 모르겠다.

이 참에 털어놓자면 한 가지 바람이 있다.

앞으로 여러분 주위에 별거나 이혼을 하는 사람이 지금보다 더 늘어날 것이다. 별거나 이혼은 옛날처럼 사회적인 금기나 개인적인 불행이 아니라, 본인에게는 인생의 다음 단계로 나아가기 위한 결단인 경우가 많다. 따라서 당사자를 대하는 태도를 조금만 개선해주었으면 한다.

문병이나 장례식이라면 상투적인 위로의 말이 있지만 이 방면에 대해서는 다들 경험이 부족한 탓에 황당한 발언이 난무한다.

나 역시 그런 무신경한 말을 들을 때면 늘상 부아가 난다.

어떤 말을 들었으며 그때 여러분의 심정은 어떠했는지 들려주기 바란다.

15년 만에 맛보는
이 여유로움~~

094

이혼 축하해!

별거를 하거나 이혼한 사람을 어떻게 대하면 좋을까?

결혼 기간이 짧았거나 젊은 나이에 이혼하면 대개 사람들은 젊은 혈기에 일을 저질렀다며 비교적 선선히 받아들인다.

그러나 중년이혼의 경우에는 오랜 결혼 생활이나 자녀들 문제를 고려하게 되므로 뭐라 말해야 좋을지 고민스럽다. 하지만 얼마 남지 않은 인생, 열심히 보람되게 살아보려고 더더욱 이혼을 결심했을 터다. 그러니 눈살을 찌푸리고 쑥덕거리며 멀찍이 떨어져 구경만 하는 행동은 삼갔으면 좋겠다.

대신 당사자에게 솔직히 "헤어졌다며? 주소 바꿔야겠네. 다시 고칠 수 있게 이 참에 연필로 적을까? 호호호. 그나저나 성은 어떻게 되는 거야?" 하고 명랑하게 묻기 바란다. "이제 홀가분하게 살게 되었으니 얼마나 좋아?" "나도 용기만 있으면 그냥 확 헤어지는 건데!" 하고 살짝 부러움을 표시해준다면 더할 나위 없다.

흔히 그런 결단을 내린 사람 중에는 기가 센 여자가 많으니 동정도 무용지물이다. 그들로서는 지금보다 나아지기 위해 선택한 길인 것이다.

가장 얄미운 건 소문거리를 모으려고 친구인 척 하면서 꼬치꼬치 캐묻는 사람이다.

사연을 다 듣고 나면 쪼르르 다른 사람에게 달려가 소문을 낼 게 뻔하다. 제발 좀 내버려두었으면 좋겠다. 그리고 "힘들지? 뭐 도와줄 일 있으면 말해" 하고 상투적인 인사를 챙기는 사람도 싫다. 정말로 걱정이 된다면 직장이나 소개해주든가!

동정보다 돈을 달라는 말이다.

가장 내가 당혹스러웠던 경우는 "집 나왔다며? 잘됐네. 축하해" 하고 손을 꼭 잡아주었던 사람.

축하한다는 말은 처음이어서 대답도 못하고 머뭇거렸더니 "어머, 후회하는 거야?" 하고 되묻기에 절래절래 고래를 저었다. 그러자 "그럼 축하 맞네! 너 생기 있어 보인다"라는 거였다.

이혼 축하해!!
멋진 결단!
해방이다~

전업주부 시절부터 알던 사이라 더 고맙고 반가운 말이었다.

소중하게 간직해온 말인데, 여러분도 한번 써보기 바란다. 듣는 사람이 기뻐할 거라는 건 내가 보증한다.

095

나의 모자가정 활용법

별거나 이혼은 옛날처럼 금기시되거나 불행한 일이 아니다. 인생의 다음 단계로 나아가기 위한 바람직한 선택인 경우도 많다.

그래서 그런 사람에게는 밝은 목소리로 잘한 일이라고 말해주라고 제안했던 것이다.

벌써 실천한 사람이 있었다.

"이혼해서 우울해하는 친구 편지를 받고 '이혼 축하해' 하고 답장을 보냈더니, 내 편지를 읽고 얼마나 기운이 났는지 모른다는 전화를 걸어왔어요. 이혼 15년차 선배로서 친구가 하루 빨리 싱글의 즐거움을 발견하면 좋겠어요."(52세)

과연 경험자다.

하지만 "이혼을 마치 트렌드인 양 말하는 도코씨가 싫어요"(31세)라는 의견도 있었다. 독자의 미움을 사고 말았다!

나는 유행이라고는 생각하지 않는다. 단지 여성이 이혼의 자유를 행사할 수 있는 세상이 되었다는 말이다.

그런데도 모자가정에 대한 편견은 상상 이상으로 뿌리가 깊었다.

"언젠가 행복한 날이 올 테니 기운 내라는 속 모르는 위로의 말을 건네질 않나, 재혼 권유를 거절하면 '그래, 이번에도 이상한 사람 만나면 어쩌니? 이 이상 불행해지면 안 되지'라는 말을 태연한 낯빛으로 하질 않나, 나는 지금도 충분히 행복하다고 말해주긴 했지만 기분이 좀 그래요."(37세)

그런 사람은 반론을 해도 알아듣지 못한다.

이혼의 폐해를 하나 더 소개하면,

"남자들은 모자가정이라는 걸 알게 되면 묘하게 표정을 누그러뜨리고 술자리를 청해요."(긍정적인 모자가정)

옳은 말씀! 속이 빤히 들여다보인다.

하지만 그럴 때마다 일일이 눈에 쌍심지를 켜다가는 모진 세파를 헤쳐 나갈 수가 없다.

반대로 이용을 해보면 어떨까?

내 경우는 술자리에서 술값을 계산할 때가 되면 일부러 "휴, 여자 혼자 몸으로 자식들 데리고 사는 거

이혼하고 혼자 애들 데리고 살려니… 음냐 음냐

으~ 추하단다~

요즘 이런 식으로

개기는 여자들이 많아서…

정말 힘들어" 하고 한숨을 쉰다. 상대방이 "됐어. 사정도 어려울 텐데 넌 내지마" 하고 나오는 운 좋은 때도 있다.

상대가 흑심을 내비쳐도 복어나 송이버섯 요리로 꾀면 따라나설 용의도 있다. 실컷 얻어먹고 집에 간다고 말할 정도의 배짱과 뻔뻔 스러움쯤은 세파에 시달리는 동안 이미 습득했다.

096

세상의 상식보다 내 생각이 중요하다

'이혼 축하해!'에 대한 반론을 받았다. 자신은 이혼하지 않을 자신 있다는 말을 덧붙여서.

"이혼한 사람에게 명랑하게 말을 걸라는 발언은 문제가 있다고 생각합니다. 이혼한 모든 사람에게 축하 인사를 건넬 수는 없지 않을까요? 사정이 다 다를 테니까요. 자신의 체험을 타인에게 강요하지 마세요."(회사원, 33세 남성)

하지만 경험한 사람만이 알 수 있는 것도 있다. 그래서 이혼한 사람 대다수에게 축하한다고 말해도 된다고 생각한다. 결혼해서 행복하게 사는 사람이 생각하는 이혼이란 현재의 행복을 파괴하는 불행한 상황이어서 축하 인사 따위는 당치도 않다.

그렇지만 이혼하는 사람은 결혼 생활이 행복하지 않아서 이혼한다. 서로 전제가 다른 것이다.

"대부분의 사람들이 바람직한 별거나 이혼을 한다고 했는데, 이

안됐다니,
지가 뭘 안다고?
웃겨 증말 ㅅㅅ

해가 안 갑니다. 배우자를 선택한 사람은 자신입니다. 사람 보는 눈이 없군요. 실패한 사람이 다른 사람 일에 배 나라 감 나라 참견할 수 있나요? 당신 말은 설득력이 없어요."(31세)

자기 가정은 행복하다는 말이 덧붙여져 있었다. 약자로 몰렸으니 나도 한 마디 해야겠다. 행복한 가정을 꾸리며 살아가는 사람이나 자신의 가정은 행복하다고 자신 있게 말하는 사람은 잔혹한 말을 스스럼없이 하는 것 같다.

"고등학교 때 아버지와 따로 산다는 친구의 말을 듣고 그만 '좋겠다' 라는 말이 튀어나오고 말았어요. 우리 아버지가 너무 싫어서 내심 친구가 부러웠거든요. 친구는 '그래, 좋아' 하고 대답했지만, 상대방의 기분을 헤아리지 않고 제 잣대로 판단했다는 사실이 부끄러웠습니다."(재수생, 19세)

젊은 분, 잠깐만! 세상의 상식보다 자신의 기준으로 "좋겠다"고 솔직하게 말한 당신이 나는 더 훌륭하다고 생각합니다.

부디 잔혹한 어른이 되지 마세요.

097

당신도 잔혹예비군?

이건 이혼녀 대 기혼녀의 전쟁이 아니다. 재혼이나 이혼으로 입장은 언제든 바뀔 수 있다. 본인이 그 위험성을 얼마나 가까이 느끼느냐에 따라 상대방을 배려할 수도 배려하지 않을 수도 있다.

이혼한 사람에게 축하한다고 말하라는 발언에 관해.

"이혼을 망설인 지 17년 되는 저는 이혼한 사람을 만나면 '큰 결심했구나. 나도 너처럼 용기가 있으면 좋겠어' 하고 말합니다. 이혼을 단행하려면 친정에 의지할 수 있거나 경제적 기반이 있거나 하는 전제 조건이 필요해요. 이러한 사정 때문에 타협하며 사는 사람이 많은 것 같습니다. 자식에게 피해가 돌아간다는 사실도 부정할 수 없다고 생각해요. 이런 난관을 극복하고 힘든 결혼 생활을 끝낸 사람에게는 축하의 말보다 오히려 용기에 대한 존경의 말과 응원하는 말 한 마디가 더 기쁘지 않을까요? 저 역시 '큰 결심했구나' 라는 말을 들을 날이 멀지 않았는지도 모르겠어요."(38세)

"당사자도 이혼을 좋은 일이라고 생각하지 않습니다. 실패를 깨닫고 다시 시작하려고 안간힘 쓰는 사람 눈에는 자기편을 들어주는 사람과 그렇지 않은 사람이 금방 구별이 됩니다. 진심으로 응원하는 마음으로 지켜봐준다면 어떤 말을 하든 상관없지 않을까요?"
(이혼녀, 32세)

겉치레 위로는 금방 들킨다.

"이혼 후에 이사한 동네에서 이웃에 사는 주부가 이런 말을 하더군요. 자녀 양육비도 못 받고 이혼해서 일자리를 찾고 있다고 했더니, '저런, 아이도 어린데 힘드시겠어요. 정말 존경스러워요. 저는 그런 용기가 없어서 힘들어도 그냥 참고 살아요.' 그리고 이틀 후 '우리 애들한테 아빠 없는 애라고 무시하면 안 된다고 했으니 걱정 마세요'라는 거예요. 말문이 막히더군요. 4년이 지난 지금도 잊을 수 없어요."(회사원, 41세)

이 사람은 어떤 말에 충격을 받았을까요?

앞의 내용을 한 번 읽고 모르는 사람은 행복에 취해 사는 잔혹예비군일지도 모릅니다.

맨날
카레만 먹다니,
가엾게시리…

뭐?

인도 사람

푸우~

098

이혼을 생각한다면

　이 칼럼을 진행하면서 가장 놀라웠던 점은 이혼을 생각하는 사람이 많다는 사실이다. 이혼을 진지하게 생각하는 사람, 잠깐 이혼이라는 말이 뇌리를 스친 사람 등 차이는 있겠지만, 이혼 후의 생활을 구체적으로 상상해보자.

　일자리를 알아보거나 집을 구하는 상상을 하면 현재의 불만스런 생활이 조금은 즐거워질지도 모른다. 자식의 연령도 포인트다.

　"이혼을 생각한 지 어느덧 3개월이 지났습니다. 종이 한 장으로 끝나는 줄 알았는데 큰 착각이었어요. 결혼해서 행복하게 사는 친구가 아이를 위해 다시 한 번 생각해보라고 몇 번이고 충고를 하더군요. 얼마나 듣기 싫던지. 괴롭고 힘든 인생이 기다리고 있더라도 새로운 미래에 도전할 생각입니다."(33세)

　"자식을 낳은 이상 엄마로서의 책임이 있으니 자식이 자립할 때까지는 남편 곁에서 전근지를 따라다니며 살 생각입니다. 요즘 같

아서는 아이들이 독립하고 남편과 둘만 살게 된다면 중년이혼을 할 수도 있겠다는 생각이 들어요."(33세)

같은 나이여도 전자는 '나'로 살려는 사람이고 후자는 '부모'라는 처지를 우선하는 사람이다. 각자의 선택이다.

어느 경우든 자식이 걸린다.

자식은 부모를 고를 수 없기 때문에 억울한 일을 당한다고 불평을 늘어놓을지도 모른다. 하지만 부모가 사과하거나 피해자 운운하는 자식을 두고 볼 필요는 없다고 생각한다. 부모 역시 자신에게 그런 운명이 기다리고 있을 줄은 생각도 못했으니까.

"저희 집은 모자가정입니다. 저희 집이 특별히 불행하다고 생각하지도 않고 남이 그렇게 생각하는 것도 싫어요. 하지만 조금은 외로울 때도 있습니다."(학생, 18세)

흐음. 부모 때문에 고생을 한다는 사실은 인정한다. 하지만 조금 외로움을 느끼는 게 뭐 그리 대수인가?

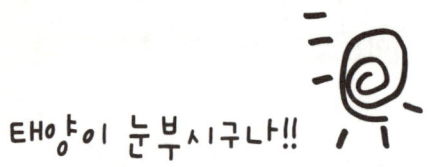

태양이 눈부시구나!!

엄마, 힘내!!

엄마는 훨씬 더 가슴 아픈 일을 겪었다.

학생이 불행하다고 생각하지 않는다면 엄마에게 행복하다고 말해주기 바란다.

"일요일에 아이와 함께 백

화점에 갔다가 비슷한 또래 아이가 엄마 아빠 손을 잡고 즐거워 하는 모습을 보고 서러워서 운 적이 있습니다."(회사원, 32세)

　이혼한 사람이 가슴을 펴고 사는 건 뻐기려는 게 아니라 그렇게라도 하지 않으면 쓰러질 것 같아서다.

099

이혼할 때 귀찮은 일
한가지 더는 요령

결혼해서 성을 바꾼 여성은 이혼으로 다시 성이 바뀐다. 결혼 전 성으로 돌아가는 셈인데, 결혼 생활이 길면 길수록 힘든 일이다.

친구나 직장 관계자에게 설명하는 건 물론이고 은행계좌나 운전면허증, 카드까지 온갖 종류의 변경 신청서를 제출해야 한다.

게다가 이혼하면 우편물 수취인명도 바뀐다. 이혼 전 성으로 오는 우편물도 있을 것이다. 그러면 한동안 우편함에다 결혼 때 성과 이혼한 후의 성을 나란히 적어야 될까?

그리고 건강보험증.

이혼하면 이름만 바뀌는 게 아니라 보험 종류도 남편 직장보험에 얹혀 있던 것이 지역보험으로 바뀐다. 그러면 단골병원의 말 많은 접수직원 아줌마에게까지 건강보험증을 보여주고 이름과 보험 종류가 변경된 사유를 설명해야 한다. 정말 성가신 일이다.

대합실에서 기다리고 있는 환자들 모두 임금님귀가 되어서 한 마디도 빼놓지 않고 들으려 든다. 왜 이런 데서까지 사생활을 까발려야 하는가!

사유를 말한다고 해서 병이 낫는 것도 아니다. 연예인도 아닌데 왜 사생활이 공개되는 불합리한 상황을 겪어야 하는가?

그렇지 않아도 이혼이다 뭐다 해서 심란한 판에 결혼 전 성으로 복귀하면서 더 해지는 갖가지 폐해는 생각만 해도 눈앞이 노랗다.

이만큼 이혼율이 높아졌으니 제발 부부별성제도를 허용해주기 바란다. 결혼이나 이혼을 할 때마다 성이 바뀌다니 귀찮아서 못 살겠다.

여기서 비책을 하나 소개하고자 한다.

이혼 후에도 결혼 때 쓰던 성으로 지내는 게 더 편하다면 그대로 유지할 수 있다. 수속은 간단하다.

이혼이 성립한 날로부터 3개월 안에 '이혼 시에 쓰던 성씨 유지 신청서'를 제출한다. 필요한 것은 본인의 서명이나 도장뿐이고 이혼 이유나 전남편의 허가도 필요 없다.

이혼하고도 성이 바뀌지 않으면 면허나 카드, 은행계좌를 그대로 사용할 수 있으니 남에게 사생활을 침해당하는 일은 없을 것이다. 이 정도 편의는 자유롭게 이용하는 것도 나쁘지 않다.

100

진정한 나를 찾기 위한 여정

어느새 2년이 지났다.

그동안 여성을 둘러싼 환경은 극적인 변화를 겪은 것 같다.

이런저런 일들이 주마등처럼 머리를 스쳐 지나간다.

바쁘다는 말을 달고 산다며 싫은 소리를 했더니 싸잡아서 욕하지 말라던 주부의 지위도 세분화되었다. 일하지 않아도 되는 주부와 일하고 싶은 주부, 일해야 하는 주부와 일하고 싶어도 못하는 주부.

내가 힘이 되어주고 싶었던 건 일하고 싶은 주부와 일하고 싶어도 못하는 주부다. 모쪼록 남편이나 시부모의 반대쯤은 과감히 뿌리치고 사회에 참가해주기 바란다. 직장 다니는 게 무리라면 봉사활동도 괜찮다. 가족이 모르는 자신만의 세계를 갖는 것이 중요하다. 자신의 인생이니 결정권은 자신에게 있다.

그런데 당신은 어떤 유형인가? 궁금하다면 자녀에게 물어보는 것도 좋은 방법이다. 집에 틀어박혀 가족을 위해 온 정성을 쏟고 있다고 생색을 내면 자녀들은 엄마의 수고에 고마워할까?

그러라고 한 것도 아닌데 엄마 마음대로 집에 있어놓고, 혹은 정말 귀찮아 죽겠네, 라는 충격적인 고백을 들을지도 모른다. 사회생활을 하다보면 여러 가지 배우는 것도 많지만, 가정에 갇혀 지내면 바깥 세상이 어떻게 돌아가는지 알 도리가 없다. 그러니 세상 속으로 뛰어들기 바란다.

현모양처를 자칭하던 사람도 자신이 우물 안 개구리였음을 깨달을지 모른다.

그동안 참 많은 편지를 받았다. 처음 투고한다는 사연이 많았다는 점도 이 칼럼의 특징이라면 특징이라 하겠다.

찬성하는 사람이나 반대하는 사람을 가리지 않고 편지를 쓰는 동안 속이 다 후련했다느니 나름대로 생각이 정리되었다느니 하는 내용도 눈에 띄었다.

바로 그거다. 앞으로도 이런저런 견해를 접하면서 속이 부글부글 끓어오를 때면 화내는 걸로 끝내지 말고 화가 난 이유도 생각하기 바란다. 시간적인 여유가 있다면 반대 이유를 적어보는 것도 좋다. 객관화하는 과정에서 자신의 지향점 같은 게 보

이기 시작할 것이다.

　이 코너를 통해 나는 공개적인 자기 모색을 한 것 같다. 목표 지점까지 최단거리로 가기란 어렵다. 갈림길도 있을 것이다.

　하지만 고민에 잠겨 멈추어 설 필요는 없다. 지름길을 놓아두고 에둘러가는 길을 선택할지도 모르지만 길은 반드시 이어진다.

　그동안 보내주신 성원에 감사드립니다.

위풍당당 아줌마 클럽

지은이 | 도코
옮긴이 | 이진희

초판 1쇄 펴낸날 | 2004년 1월 15일
초판 2쇄 펴낸날 | 2004년 3월 5일

펴낸이 | 이보환
펴낸곳 | 도서출판 사람과책
편 집 | 이윤정, 김경진, 박김문숙
등 록 | 1994년 4월 20일. 제16-878호
주 소 | 135-080 서울시 강남구 역삼동 605-10 세계빌딩
전 화 | (02) 556-1612~4
팩 스 | (02) 556-6842
E-mail | manbook@hanafos.com

* 잘못된 책은 바꾸어 드립니다.
  값은 뒤표지에 있습니다.

ISBN 89-8117-081-9 03330